经济预测科学丛书

数字货币的风险管理及治理研究

郭笑春　著

本书得到了国家自然科学基金青年科学基金（编号：72303017）、中国博士后科学基金（编号：2023M740226）、北京科技大学基本科研业务费资助项目（编号：FRF-TP-24-031A）以及北京科技大学经济管理学院的慷慨资助

科学出版社

北　京

内 容 简 介

随着金融科技的快速发展,数字货币已成为数字经济时代发展的必然趋势。本书采用多视角、多方法客观认识数字货币,并从多维度识别、评估、管理和治理其所带来的风险,把握新兴机遇并提出解决方案。基于数字货币的相关概念和争议,本书在金融市场层面识别和评估数字货币的市场风险特征,并创新了市场风险管理工具;在国家治理层面,本书通过不同案例分析了数字货币的演变路径及未来央行数字货币的发展前景,构建了宏观层面的数字货币治理框架。

本书对于从事数字货币、数字资产、风险管理和相关行业分析等的研究人员、管理部门的工作人员、金融等行业从业人员以及政府有关决策机构有很好的参考价值。本书也适合高等院校管理科学、金融学等专业的师生阅读。

图书在版编目(CIP)数据

数字货币的风险管理及治理研究 / 郭笑春著. --北京:科学出版社,2025.3

(经济预测科学丛书)

ISBN 978-7-03-075044-0

Ⅰ. ①数… Ⅱ. ①郭… Ⅲ. ①数字货币－研究 Ⅳ. ①F713.361.3

中国版本图书馆 CIP 数据核字(2023)第 042039 号

责任编辑:陶 璇 / 责任校对:贾娜娜
责任印制:张 伟 / 封面设计:有道设计

斜 学 出 版 社 出版

北京东黄城根北街 16 号
邮政编码:100717
http://www.sciencep.com

三河市骏杰印刷有限公司印刷
科学出版社发行 各地新华书店经销

*

2025 年 3 月第 一 版 开本:720 × 1000 1/16
2025 年 3 月第一次印刷 印张:11 1/4
字数:225 000

定价:**126.00 元**

(如有印装质量问题,我社负责调换)

丛书编委会

主　编：汪寿阳

副主编：黄季焜　魏一鸣　杨晓光

编　委：（按姓氏汉语拼音排序）

总　序

　　中国科学院预测科学研究中心（以下简称中科院预测中心）是在全国人民代表大会常务委员会原副委员长、中国科学院原院长路甬祥院士和中国科学院院长白春礼院士的直接推动和指导下成立的，由中国科学院数学与系统科学研究院、中国科学院地理科学与资源研究所、中国科学院科技政策与管理科学研究所、中国科学院遥感应用研究所、中国科学院大学和中国科技大学等科研与教育机构中从事预测科学研究的优势力量组合而成，依托单位为中国科学院数学与系统科学研究院。

　　中科院预测中心的宗旨是以中国经济与社会发展中的重要预测问题为主要研究对象，为中央和政府管理部门进行重大决策提供科学的参考依据和政策建议，同时在解决这些重要的预测问题中发展出新的预测理论、方法和技术，推动预测科学的发展。其发展目标是成为政府在经济与社会发展方面的一个重要咨询中心，成为一个在社会与经济预测预警研究领域中有重要国际影响的研究中心，成为为我国和国际社会培养经济预测高级人才的主要基地之一。

　　自 2006 年 2 月正式挂牌成立以来，中科院预测中心在路甬祥原副委员长和中国科学院白春礼院长等领导的亲切关怀下，在政府相关部门的大力支持下，在以全国人民代表大会常务委员会原副委员长、著名管理学家成思危教授为前主席和汪同三学部委员为现主席的学术委员会的直接指导下，四个预测研究部门团结合作，勇攀高峰，与时俱进，开拓创新。中科院预测中心以重大科研任务攻关为契机，充分发挥相关分支学科的整体优势，不断提升科研水平和能力，不断拓宽研究领域，开辟研究方向，不仅在预测科学、经济分析与政策科学等领域取得了一批有重大影响的理论研究成果，而且在支持中央和政府高层决策方面做出了突出贡献，得到了国家领导人、政府决策部门、国际学术界和经济金融界的重视与高度好评。例如，在全国粮食产量预测研究中，中科院预测中心提出了新的以投入占用产出技术为核心的系统综合因素预测法，预测提前期为半年以上，预测各年度的粮食丰、平、歉方向全部正确，预测误差远低于西方发达国家；又如，在外汇汇率预测和国际大宗商品价格波动预测中，中科院预测中心创立了 TEI@I 方法论并成功地解决了多个国际预测难题，在外汇汇率短期预测和国际原油价格波动等预测中处于国际领先水平；再如，在美中贸易逆差估计中，中科院预测中心提出了计算国际贸易差额的新方法，从理论上证明了出口总值等于完全国内增加值和完全进口值之和，提出应当以出口增加值来衡量和计算一个国家的出口规模和两个国家之间的贸易差额，发展出一个新的研究方向。这些工作不仅为中央和政府高层科学决策提供了重要的科学依据和政策建议，所提出的新理论、新方法和新技术也为中国、欧洲、美国、日本、东南亚和中东等国家和地区的许多研究机构所广泛关注、学习和采用，产生了广泛的社会影响，并且许多预测报告的重要观点和主要结论为众多国内外媒体大量报道。最近几年来，中科院预测中心获得了1项国家科技进步奖、6项省部级科技奖一等奖、8项重要国际奖励，以及张培刚发展经济学奖和孙冶方经济科学奖等。

中科院预测中心杰出人才聚集，仅国家杰出青年基金获得者就有18位。到目前为止，中心学术委员会副主任陈锡康教授、中心副主任黄季焜教授、中心主任汪寿阳教授、中心学术委员会成员胡鞍钢教授、石勇教授、张林秀教授和杨晓光教授，先后获得了有"中国管理学诺贝尔奖"之称的"复旦管理学杰出贡献奖"。中科院预测中心特别重视优秀拔尖人才的培养，已经有2名研究生的博士学位论文被评为"全国优秀博士学位论文"，4名研究生的博士学位论文获得了"全国优秀博士学位论文提名奖"，8名研究生的博士学位论文被评为"中国科学院优秀博士学位论文"，3名研究生的博士学位论文被评为"北京市优秀博士学位论文"。

为了进一步扩大研究成果的社会影响和推动预测理论、方法和技术在中国的研究与应用，中科院预测中心在科学出版社的支持下推出这套"经济预测科学丛书"。这套丛书不仅注重预测理论、方法和技术的创新，而且也关注在预测应用方面的流程、经验与效果。此外，丛书的作者们将尽可能把自己在预测科学研究领域中的最新研究成果和国际研究动态写得通俗易懂，使更多的读者和其所在机构能运用所介绍的理论、方法和技术去解决他们在实际工作中遇到的预测难题。

在这套丛书的策划和出版过程中，中国科技出版传媒股份有限公司董事长林鹏先生、副总经理陈亮先生和科学出版社经管分社社长马跃先生提出了许多建议，做出了许多努力，在此向他们表示衷心的感谢！我们要特别感谢路甬祥院士，以及中国科学院院长白春礼院士、副院长丁仲礼院士、副院长张亚平院士、副院长李树深院士、秘书长邓麦村教授等领导长期对预测中心的关心、鼓励、指导和支持！没有中国科学院领导们的特别支持，中科院预测中心不可能取得如此大的成就和如此快的发展。感谢依托单位——中国科学院数学与系统科学研究院，特别感谢原院长郭雷院士和院长席南华院士的长期支持与大力帮助！没有依托单位的支持和帮助，难以想象中科院预测中心能取得什么发展。特别感谢中科院预测中心学术委员会前主席成思危教授和现主席汪同三学部委员的精心指导和长期帮助！中科院预测中心的许多成就都是在他们的直接指导下取得的。还要感谢给予中科院预测中心长期支持、指导和帮助的一大批相关领域的著名学者，包括中国科学院数学与系统科学研究院的杨乐院士、万哲先院士、丁夏畦院士、林群院士、陈翰馥院士、崔俊芝院士、马志明院士、陆汝钤院士、严加安院士、刘源张院士、李邦河院士和顾基发院士，中国科学院遥感应用研究所的李小文院士，中国科学院科技政策与管理科学研究所的牛文元院士和徐伟宣教授，上海交通大学的张杰院士，国家自然科学基金委员会管理科学部的李一军教授、高自友教授和杨列勋教授，西安交通大学的汪应洛院士，大连理工大学的王众托院士，中国社会科学院数量经济与技术经济研究所的李京文院士，国务院发展研究中心李善同教授，香港中文大学刘遵义院士，香港城市大学郭位院士和黎建强教授，中国航天科技集团公司 710 所的于景元教授，北京航空航天大学任若恩教授和黄海军教授，清华大学胡鞍钢教授和李子奈教授，以及美国普林斯顿大学邹至庄教授和美国康奈尔大学洪永淼教授等。

　　许国志院士在去世前的许多努力为今天中科院预测中心的发展奠定了良好的基础，而十余年前仙逝的钱学森院士也对中科院预测中心的工作给予了不少鼓励和指导，这套丛书的出版也可作为中科院预测中心对他们的纪念！

汪寿阳

2018 年夏

前　　言

随着全球金融科技的迅速发展，数字货币逐渐走入大众视野，经历了无人问津、疑信参半、一币万金的跌宕起伏，直至成为当今全球各个机构及主权国家战略发展的关键领域。伴随着产学研各界对其存在、价值、风险及潜力的争议与讨论，如何权衡数字货币在发展中的风险与机遇成为各国治理数字货币的重要议题。但现有文献主要集中在对数字货币某种单一类型、单一时段风险的识别和评估层面，缺少进一步对数字货币风险系统、全面的管理研究。

本书旨在通过客观认识数字货币，在市场和国家层面识别、评估与管理/治理其所带来的风险，同时把握新兴机遇，带来解决方案。在整体层面上，本书主要回答了如下问题：如何平衡数字货币的风险与机遇？在金融市场层面上，本书主要回答了如下问题：①数字货币的市场风险特征是什么？②如何合理管理数字货币的市场风险？在国家治理层面上，主要回答了如下问题：①数字货币竞争带来了哪些风险？②新的治理模式是什么？本书以问题为导向，采用定量和定性相结合的混合研究方法，通过结合相关理论分析、实证研究、案例分析等方法，构建了关于数字货币风险多元化、多维度的管理工具和治理方案，为数字货币未来发展提供了相关理论支持和实践探索。

第一，本书梳理了领域内的文献基础发展情况。本书通过对数字货币、风险管理及其相关内容的整理，以及对数字货币领域的文献计量，让读者明确数字货币的基本概念，以及当下数字货币在风险管理及全球治理方面的热点问题，同时进一步了解数字货币领域具有重大影响力的国家、期刊、作者和文献，以及当下的合作网络及其演变趋势。这一部分介绍了数字货币领域的研究现状，并奠定了本书的理论基础。

第二，本书进一步刻画了数字货币市场之间，以及其与传统金融市场的风险传染路径。本书结合了多种研究方法，包括动态条件相关广义自回归条件异方差模型（dynamic conditional correlational-generalized autoregressive conditional heteroscedasticity model，DCC-GARCH 模型）、广义向量自回归（generalized vector auto regressive，GVAR）、有向无环图（directed acyclic graph，DAG）、网络分析（network analysis）等方法，分析了数字货币类金融资产在不同时期、不同资产之间的风险特征及风险传导路径，揭示了数字货币给全球金融市场带来的风险，其中特别考虑了在新冠疫情冲击下市场所发生的新变化。风险特征及传导路径揭示了数字货币市场风险的来源，同时有效捕捉了数字货币市场发展过程中的动态变化。

第三，本书构建了数字货币的市场风险管理工具——数字货币市场风险指数。数字货币市场风险指数可以有效评价数字货币市场当下所处的风险水平。本书结合数字货币自身特点、外部环境、关注程度及其他金融市场四个维度，选取了九个指标，根据信息的差异性和关联性确定不同指标的权重，对数字货币市场风险进行指数刻画。通过 HP（Hodrick-Prescott，霍德里克-普雷斯科特）滤波对指数进行趋势拆解，识别了数字货币市场的两次高风险时刻。数字货币市场风险指数提供了时间和空间上具有可比性的风险水平测绘与预警工具，进而更好地为使用者在投资决策、监督控制过程中提供管理支持。

第四，本书以天秤币（原名 Libra，现已更名为 Diem，本书中仍称其为天秤币或 Libra）为案例，结合主权国家情况，识别和评估了不同类型数字货币的风险因素以及治理影响。数字货币在发展历程中主要带来了法律、社会和金融方面的风险，特别是以大型科技公司为发行主体的超主权数字货币，主要会带来全球监管挑战、与主权货币竞争的风险以及数据主权失控的风险。详尽的案例剖析，有助于各国全面系统地理解数字货币带来的风险，并进行评估管理。

第五，本书构建了国家治理数字货币的基本思路框架，并对法定数字货币的战略进行了深入分析。本书以数字货币在我国的发展为例，发现我国对数字货币的风险和机遇平衡是个动态过程，治理模式随着环境不断发生变化与调整；根据风险承受能力和市场驱动力，进一步结合治理相关理论，提出了四种数字货币的国家治理模式；进一步结合博弈模型，给出了理论下政府主体和公众个人在面对竞争性数字货币时所采取的稳定策略。

本书的创新点主要体现在四个方面。第一，在视角上，着眼社会经济层面，从系统科学的角度出发，有效结合了数字货币在市场和国家的双维度，将多重风险统一结合起来，形成了对数字货币风险认知的完整体系。第二，在理论上，针对数字货币的市场风险提供了新的风险管理及治理工具，补充了现有文献在数字货币风险管理方面的研究空白。在识别和评估数字货币风险特征的基础上更进一步从市场维度提出了数字货币的市场风险指数，为监管者和资产管理者管理数字货币市场风险提供了现实工具，包括特征描绘和预警效用。在国家宏观维度上，构建了动态的治理框架，为主权国家根据自身特点对数字货币进行评估、治理和发展提供了可借鉴方案。第三，在实证上，结合不同发展阶段的数据开展实证研究，纳入新冠疫情冲击对数字货币风险的影响，丰富了对数字货币市场风险特征的认知，也对进一步理解数字货币市场之间以及数字货币市场与传统金融市场间的风险特征及风险传染研究做出了新贡献。第四，在方法上，本书结合多种研究方法，包括定量和定性的方法，结合实证、案例研究和理论分析，对数字货币的风险进行识别、评估、管理及机制研究，突破了现有文献对数字货币风险研究单一方法的局限。

目　　录

第一篇　绪　　论

第二篇　数字货币基础概念及文献分析

第一篇 绪 论

第1章 引　言

1.1　数字货币的发展现状

在十年前，提及货币我们主要联想到的关键词是与国家政府、中央银行、汇率、通货膨胀等相关的宏观概念，它们代表了主权货币体系的特点。货币是一种由国家政府背书，中央银行垄断发行的交易媒介。在以国家为单一发行主体的主流货币体系下，货币的稳定价值、中心化管理成为普遍共识。然而新型数字货币，也就是加密货币的出现打破了这些传统观念。数字货币颠覆了以信用背书、以国家为发行主体的传统，让私人机构能够通过科技背书的形式发行去中心化的数字货币，进而参与到货币竞争中。虽然我们很难去判定这种新型数字货币在货币特性上的真正表现，或者说它们可能并不具备真正的货币职能，但是它们的诞生形成了货币与技术紧密相连的颠覆性创新，让世界在货币数字化的进程上更进一步。

这一切的出现源于 2008 年冬天，一个（群）化名为中本聪（Satoshi Nakamoto）的神秘人在邮件群组中提出了比特币（Bitcoin，BTC）的构想，并在网络上发布了名为《比特币：一种点对点的电子现金系统》（Bitcoin：a peer-to-peer electronic cash system）的论文，这是数字货币的蓬勃发展迈出的重要的一步。自此之后，开启了数字货币的新篇章。比特币的最初目的是解决现行金融系统中由于第三方金融中介的出现而产生的交易成本和交易信任的问题（Nakamoto，2008）。数字货币区别于数字化的货币，如支付宝、微信和银行账户等。其创新之处：一是去中心化特性，它采用区块链的点对点分布式技术，利用工作量证明机制，避免权力的过度集中，以防止某个人或某个组织操纵交易、控制交易资金；二是具有更高的安全性，比特币利用分布式技术更好地避免了计算机系统的单点故障；三是具备一定匿名性，交易过程不需要身份信息，用自动生成的交易地址作为账户名称，为用户提供了更强的隐私功能（Böhme et al.，2015）。这种点对点的电子支付系统，摆脱了传统的法定货币体系，构成了自为一体的记账单位，形成了新的交易媒介。在数字货币发展初期，很多学者把比特币看作法定货币的替代品（Grinberg，2012），认为它在支付、转账和国际汇款上可以提供更快速、便捷、便宜的服务，创新了金融基础设施（Böhme et al.，2015；Cocco et al.，2017）。在随后几年中，数字货币蓬勃发展，其中一部分与比特币的性质及构造非常相似，如狗狗币、莱特币等；另一部分，数字货币借鉴了比特币的部分特性，并在共识机制和底层设计上进行了较大创新，为更多的应用发展提供了可能（Hileman and Rauchs，2017），如以太坊（Ethereum）项目、埃欧塔（IOTA）项目和宇宙（Cosmos）项目等。

但随着时间的推移，越来越多的人意识到比特币等区块链数字货币所带来的弊端，如并发性较低，不能满足规模用户实时使用；在网络忙碌时，交易速度过慢，且手续费对小额支付也并非十分友好等问题（Chauhan et al.，2018；Karame，2016）。于是，人们对数字货币的真正价值提出了质疑。诺贝尔经济学奖得主约瑟夫·斯蒂格利茨表示，比特币"应该被取缔"，因为"它不提供任何对社会有用的功能"；摩根大通的董事长兼首席执行官杰米·戴蒙曾称比特币是"一场骗局"；著名投资大亨巴菲特也不看好比特币，说其是"不折不扣的泡沫"等。在质疑之下，以比特币为代表的非法定数字货币，逐步从创始阶段交易支付的货币初心，转变为金融资产和投资工具。

在 2020 年新冠疫情的冲击下，很多国家的中央银行采用了量化宽松政策。其中，美国联邦储备系统（简称美联储）在 2020 年 3 月推出"无限量"量化宽松的货币刺激政策，希冀以此方式缓解经济受到的冲击。国际市场整体呈现出货币超发的状态，大量热钱涌入数字货币市场。以比特币为例，在 1 年内其价格虽然经历了跌宕起伏，但整体市值却翻了 10 倍以上，令人咋舌。2021 年 4 月和 10 月，比特币价格两次突破 6 万美元的天价；而自 2021 年末开始，比特币价格则持续下降，在 2022 年 6 月已降至 3 万美元大关（图 1.1）。

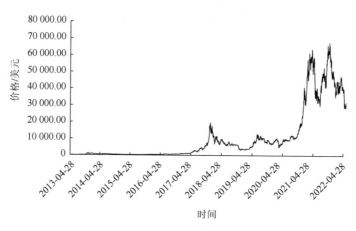

图 1.1　比特币价格走势图

资料来源：https://coinmarketcap.com

截至 2022 年 5 月底，市场上共有 9000 多种数字货币[①]。前十大市值的数字货

_____
① 详见网页 https://coinmarketcap.com。

币分别为比特币、以太币（Ether，ETH）、泰达币（USDT）、USDC（USD Coin）、币安币（Binance Coin，BNB）、币安美元（Binance USD，BUSD）、艾达币（Cardano，ADA）、瑞波币（Ripple，XPR）、索拉纳（Solana，SOL）和波卡币（Polkadot，DOT）（表 1.1）。按照价值种类来看，在市值前 100 种数字货币中，有 89 种数字货币为价值自由波动的数字货币，另有稳定币共 11 种，分别为 USDT、USDC、DAI、BUSD、TUSD、GUSD、FEI、USDN、USDD、THETA 和 USDP。在这些稳定币中，所有币种均以美元为币值稳定的价值尺度。其中，USDT 为数字货币市场中，适用范围较广、市值排名第三的数字货币（表 1.2）。

表 1.1 数字货币市值统计

名称	简称	市值/亿美元	市值占比
比特币	BTC	4047.16	52.69%
以太币	ETH	1386.47	18.05%
泰达币	USDT	707.79	9.21%
USDC	USDC	541.13	7.04%
币安币	BNB	348.83	4.54%
币安美元	BUSD	174.29	2.27%
艾达币	ADA	156.29	2.03%
瑞波币	XPR	149.22	1.94%
索拉纳	SOL	97.75	1.27%
波卡币	DOT	72.25	0.94%

资料来源：https://coinmarketcap.com

表 1.2 不同种类的数字货币

项目	稳定币	价值波动币
市值占比	17.51%	82.49%
数量	11	89

资料来源：https://coinmarketcap.com

另外，数字货币的市值分布非常不均匀，具有极强的马太效应。比特币和以太币两种数字货币占据了总市值的 80%左右，而其他 4000 多种数字货币的市值仅占据市场份额的 20%左右，这个趋势从始至终存在。在数字货币的发展历程中，其他排名靠前的数字货币会随着话题热点及炒作方向发生巨大的变化。因此，无论是对于数字货币交易支付的使用者来说，还是对于将其作为投资工具的投资者来说，数字货币都具有极高的风险。

与此同时，随着不同类型数字货币的涌现，超主权数字货币的呼声在国际上获得了支持和追捧。科技巨头脸书（Facebook）很快关注到了数字货币所带来的机遇，在 2019 年 6 月脸书发布了天秤币（Libra）第一版白皮书，旨在通过背书全球一篮子货币的方式发行超主权货币。鉴于脸书公司在全球社交媒体上拥有海量用户与强大的商业联盟，天秤币一经推出，就遭到了众多质疑和抵制，各国政府对天秤币凭借脸书强大的网络效应进行推广产生了强烈的忧虑。周小川表示，天秤币的推出，应该让我国未雨绸缪，未来将会有更多机构发布有利于全球化的货币[①]。经过长期与监管机构的周旋，Libra 协会在 2020 年修改了原白皮书中对"Libra"的部分构想，通过调整初步满足了监管要求，进而降低了各国政府对其挑战主权货币的忧虑。

虽然主权货币体系在未来仍将占据主导地位，但放眼全球，数字货币竞争早已成为不争的事实，全球经济秩序也在随之悄无声息地发生改变。除了私人组织以外，全球各国中央银行也开始重视起数字货币，希望通过利用数字货币来把握新时代货币领导权的机会。目前，全球已有多个国家对央行数字货币（central bank digital currency，CBDC）进行了研究和实验。突尼斯在 2015 年发行了 e-dinar，成为全球首个发行法定数字货币的国家，该货币采用了区块链技术；加拿大在 2016 年与区块链联盟 R3 进行合作，发布 Jasper 项目，探究以批发类型为主的央行数字货币；同年，新加坡也与区块链联盟 R3 开展了 Ubin 项目的合作，对分布式技术在数字货币中的应用进行联合研究；瑞典在 2017 年希望通过 e-krona 的项目逐步去应对无现金化社会的迫切需求；2018 年，委内瑞拉在整个国家经济崩溃的情况下，政府以自然资源为背书，发行了石油币（Petro），希望以此来缓解超级通货膨胀；同年，泰国官方机构也发布了央行数字货币的计划，希望提升支付效率；2020 年，在新冠疫情的大背景下，美联储首次表示发行央行数字货币的必要性，目前已有民主党的提案涉及数字美元；我国也早在 2014 年就开始了对数字货币的研究，目前已经经过了几轮落地测试，并推出了数字人民币钱包，是全球大国中推进央行数字货币速度最快的国家之一。

总体来看，无论是在市场层面还是在国家层面，数字货币都带来了极大的挑战。对于金融市场，其巨大的价格波动和头部效应让资金暴露在高风险中。对于国家来说，私人货币成为主权货币体系的潜在威胁，为其带来众多不稳定的因素。与风险相随的是，数字货币也为未来带来了众多机遇。放眼全球，作为投资品，比特币已经展现了其巨大潜力，海外已逐渐推出数字货币的相关金融工具，机构投资者也加入赛道力图分一杯羹。对于国家来说，把握货币创新和转型的机会，

---

① 《周小川谈 Libra：有必要未雨绸缪》，http://blockchain.people.com.cn/n1/2019/0710/c417685-31224075.html，2019-07-10。

不仅能够增强自身在数字经济中的核心竞争力, 还可能进一步在全球金融系统中占据主动地位。但是否能够把握住这次数字货币革命所带来的机会, 关键在于能否化解风险, 看到数字货币的双面性, 合理权衡风险与机遇, 找到符合自身发展路径的管理工具及治理方案。

1.2 本 书 内 容

虽然数字货币已经诞生十年有余, 但无论是将其作为一种潜在的竞争性货币, 还是将其作为新兴的金融资产, 数字货币仍处于快速发展期。该领域的许多问题仍然具有极大争议, 并在多维度上缺乏深刻认知, 亟须学者对这种新兴的社会现象进行深入探究。

作为新兴产物, 数字货币的形式变化多样且存在多维度监管空白, 这为其发展和使用带来了巨大的风险。本书系统地结合了风险因素, 为有效治理数字货币提供了理论基础。想要更好地管理数字货币, 不能简单局限于单独考虑其监管问题, 在现实中数字货币的发展无法与风险分离。本书深入探究了数字货币的风险及其管理和治理问题, 一方面厘清了数字货币作为金融资产在市场上的风险传染及传导机制, 构建了在数字货币领域全面、系统的风险管理工具; 另一方面结合数字货币在货币属性上的综合风险属性, 搭建了整体治理框架。本书完善了数字货币领域关于风险特征、风险传染机制、风险管理及治理机制的研究, 帮助市场更好地对数字货币的风险进行识别、评估、管理及治理。

本书旨在通过客观认识数字货币的发展历程, 识别其所带来的风险及其风险传染路径, 探索和设计出在金融市场和国家治理层面的风险管理方式, 为规避数字货币风险、把握创新机遇, 带来解决方案。

本书主要的研究内容分为三个层次。第一, 在整体层面: 如何平衡数字货币的风险与机遇? 第二, 在金融市场层面: 数字货币的市场风险特征是什么? 如何合理地管理数字货币的市场风险? 第三, 在国家治理层面: 数字货币竞争带来了哪些风险? 新的治理模式是什么?

本书的核心内容将分为三大部分, 分别对应书中的第二部分数字货币基础概念及文献分析、第三部分从金融市场角度看数字货币的风险及管理, 以及第四部分从国家治理角度看数字货币的风险及治理。全书内容结构如图 1.2 所示。

整体层面, 本书以较为客观的态度来审视数字货币的发展, 认为其在发展过程中风险和机遇并存。

在数字货币基础概念及文献分析部分, 本书对数字货币的相关定义和概念进行了讨论, 回顾了几个具有争议的话题, 并对数字货币的研究趋势进行分析。该部分是全书其他章节的整体铺垫和理论基础。

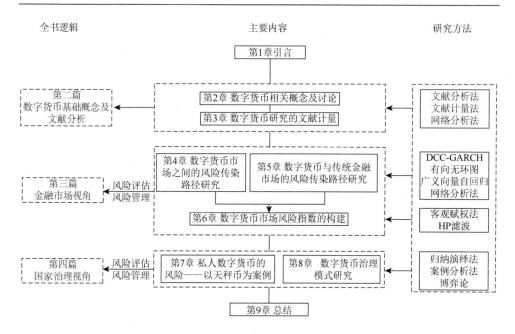

图 1.2　全书内容结构图

在金融市场层面，书中包括了三章内容。目前大部分的研究止步于对风险特征的描述，本书则深入探究了数字货币的风险管理和治理，厘清了数字货币作为金融资产在市场上的风险传染及传导机制，构建了在数字货币领域全面、系统的风险管理工具，完善了数字货币领域关于风险特征、风险传染机制、风险管理及治理机制的研究，帮助市场更好地对数字货币的风险进行识别、评估、管理。

在国家治理层面，书中包含了两章内容。本部分以现行的私人数字货币和法定数字货币为案例，主要针对数字货币的竞争和治理进行研究，搭建了宏观的治理框架。本书较为全面地刻画了不同数字货币在发展中所带来的综合风险，这有助于我国进一步完善监管政策，同时发挥数字货币新技术、新特征的优势。特别是在各国央行数字货币发行与私人数字货币盛行叠加的情况下，合理评估数字货币风险并制定整体治理框架，有助于我国把握数字货币机遇，占领先机，争取全球新货币的主导地位。

全书各章节的主要内容如下。

第 1 章为引言，即本章。主要介绍了数字货币的发展现状和本书的结构。数字货币的出现，颠覆了我们对货币的理解，革新了科学技术，同时也带来巨大的质疑和威胁。聚焦当下全球发展，数字货币的竞争早已成为不争的事实，全球的经济秩序也在随之悄无声息地发生改变。无论是私人组织还是主权国家都希望合理地平衡数字货币所带来的风险和机遇，找到符合其发展道路的管理途径及治理方案。

第 2 章为数字货币相关概念及讨论。该章首先梳理了国内外权威文献中对数字货币的基础定义及概念，对书中所出现的专有名词及背景做出了解释和回顾。其次，从数字货币现行的主要讨论出发，推及至其所带来的市场风险和监管风险，阐述了对数字货币风险进行管理和治理的必要性，并结合现有文献梳理出目前各国在宏观层面对数字货币和新兴技术的治理模式。最后，该章总结了现有研究中的不足之处，以及进一步的研究需求。

第 3 章为数字货币研究的文献计量。该章利用文献计量及其可视化的方法，对数字货币研究的发展趋势进行了分析，识别了数字货币研究领域中具有重大影响力的国家、期刊、作者和文献，并对数字货币研究的合作网络及其演变趋势进行可视化分析。该章是领域发展的研究基础，为后续确定主题方向打下了坚实基础。

第 4 章为数字货币市场之间的风险传染路径研究。该章选取了六种市值较大、发展势头良好且具有一定代表性的数字货币，探究它们之间的关联性。该章首先从静态角度讨论了几种数字货币之间的相关性，然后利用 DCC-GARCH 的方法，刻画了这几种数字货币时间序列波动的动态相关性。同时结合格兰杰因果检验，对其因果关系进行可视化分析，描绘了这几种数字货币之间相互的风险关系。

第 5 章为数字货币与传统金融市场的风险传染路径研究。数字货币市场与传统金融市场之间存在着微妙的关系，并且随着时间的变化，呈现出不同的特质。在新时代背景下，即新冠疫情的冲击下，也是市场风险发生大幅变化的情境下，数字货币市场与传统金融市场之间的关系也发生了变化。该章采用广义向量自回归、有向无环图和网络分析法等方法，对比刻画了新冠疫情前后数字货币与传统金融市场之间风险传染的变化。

第 6 章为数字货币市场风险指数的构建。该章承接了第 4 章和第 5 章的研究结果，选取了四个代表数字货币市场风险的维度，包括数字货币自身特点、外部环境、关注程度及其他金融市场，构建了数字货币市场风险指数。根据该指数的趋势分析，确定了数字货币市场风险的警戒标准，为进一步管理数字货币市场风险提供了新工具。

第 7 章为私人数字货币的风险——以天秤币为案例。站在宏观层面，该章选取了天秤币作为私人数字货币的典型案例，从发行方及主权国家两个角度，分别讨论了其发行目的及影响，特别是在大型科技公司背景下，超主权数字货币发行的风险。

第 8 章为数字货币治理模式研究。从国家治理角度，结合本书对数字货币风险的分析，总结了四种数字货币的治理模式。同时，以我国数字货币的发展路径为案例，深入探究了数字货币在我国的发展历程，以及不同阶段所面临的主要风险及治理模式。结合当下主权国家发行的法定数字货币，对全球的发展状况、运作模式，以及治理潜力进行了深入的分析。最后，本书放眼未来，聚焦央行数字货币治理，构建了基于监管和使用的博弈模型，对其未来的国际治理方案选择做出理论分析。

第 9 章为总结。该章回顾全书，结合数字货币当下的发展情况，总结了数字货币未来的发展方向及治理模式，并根据我国实情，给出了相关的政策建议。最后，针对本书的研究领域对未来的研究方向进行展望。

1.3　本书特色

第一，在视角层面，本书对数字货币的风险管理构建了更加完整的体系。现有文献对数字货币的风险分析主要停留在单一层面，鲜有研究将多层次的数字货币风险整合起来，形成对数字货币风险和管理多维度的认知体系。本书着眼社会经济层面，从系统科学的角度出发，将不同视角的风险统一起来，结合管理工具和治理理论，突破单一视角的思考，在理论上扩充了风险管理和国家治理的理论框架。

第二，在理论层面，针对数字货币的风险提供了新的风险管理和治理工具。大量研究集中于对数字货币市场风险特征的描绘，本书在延续风险特征研究的基础上，更进一步在市场维度提出了数字货币的市场风险指数，为投资者和资产管理者治理数字货币市场风险提供了实用工具，包括特征描绘和风险预警。在国家宏观维度上，本书归纳演绎出系统的治理策略，为主权国家在结合自身特点的情况下，更好地对数字货币评估、治理和发展提供了可借鉴方案。

第三，在实证层面，本书首先结合货币及数字货币的研究发展，采用文献计量的方法，对整个数字货币研究的发展体系进行了全面完善的梳理，为进一步理解数字货币的研究主题、核心概念及重点文献做出了基础铺垫。其次，本书利用不同发展阶段的数据进行实证分析，包括全球"黑天鹅"事件在新冠疫情冲击之下的动态变化，丰富了当前对数字货币市场风险特征的认知，对全面深入理解数字货币市场之间，以及数字货币市场与传统金融市场间的风险特征及风险传染研究做出了新贡献。

第四，在方法层面，本书结合多种研究方法，对数字货币的风险进行识别、评估、管理、机制研究。其中包括用定量的方法对数字货币市场之间，以及数字货币市场与传统金融市场间的风险传染研究；同时利用定性的方法，结合具体案例，对难以量化的私人数字货币风险和央行数字货币风险进行深入讨论，突破了现有文献中对数字货币风险研究单一方法的局限。

第二篇　数字货币基础概念及文献分析

第 2 章　数字货币相关概念及讨论

2.1　数字货币的基础概念

广义上看，一切电子化的货币都可以被称为数字货币，其中包括商业银行存款、支付宝和微信钱包中的存款等；狭义上来看，一般所指的数字货币是指纯数字化、不需要物理载体的货币，如加密货币（姚前和陈华，2018）。具体来说，加密货币是当下新兴的一种数字货币，它是基于分布式账本，利用加密技术的一种交易媒介，有助于保护交易，控制分布式金额和验证资产转移（Chohan，2017；Farell，2015）。本书中所指的数字货币，主要是狭义上的数字货币，以加密货币为主，也同时包括没有利用分布式或者加密技术，其他私人竞争型的数字化货币。

近年来，数字货币吸引了全世界的关注，其起源可以追溯到 2008 年比特币的诞生。比特币是当代第一种不受任何政府或法律实体保护且广泛流行的分布式数字货币，它的最初目的是解决现行金融系统中由于第三方机构而带来的交易成本和交易信任的问题（Nakamoto，2008）。在技术层面，比特币及很多新兴的数字货币都运用了区块链的分布式技术。区块链是一种分布式数据库，通过点对点实现网络共享。区块链由序列区块连接组成，并利用时间戳记录事物。记录在区块链上的信息由公钥密码系统保护并由用户的私匙进行验证，保证安全性，一旦一个元素被添加到区块链中它将不能被改变，从而实现活动记录的不可逆性（Seebacher and Schüritz，2017）。区块链作为比特币及多种数字货币的底层技术，具备分布式、去中心化、可追溯和不可篡改的特性（Antonopoulos，2014）。

这种依托于技术的分布式数字货币改变了公众对货币、金融体系和信息技术的认知。以比特币为例，其主要有以下五个特点：①没有金融中介介入交易双方，支持比特币运行的系统是由来自全球的志愿者所提供的（Tapscott D and Tapscott A，2016）；②交易的不可逆性，这意味着除了交易对手双方的约定以外，没有任何第三方可以屏蔽或者撤回交易；③比法定货币具有更高的匿名性，虽然信息流是可追溯的，但是由于交易过程是匿名的，因此想要确认使用该数字货币背后主体的真实身份，则变得更加困难；④没有政府或者中央银行作为信用背书，其依靠去中心化的算法进行发行和管理；⑤不存在超发或者通货膨胀等现象，因为在中本聪创造比特币初期就已经确定好了发行数量和运行模式的算法。总体来言，这种数字货币以密码技术为前提，被认为是一种可以实现交换媒介功能并控制额外发行量的数字资产，通常独立于中央银行运行（Chohan，2017）。数字货币交易一般记录在分布式的公共账簿上，任何人都可以通过区块链对其进行查看（Europe Central Bank，2012）。

目前区块链主流的共识机制主要有三种方式：第一种叫工作量证明（proof of work，PoW）机制。工作量证明机制的核心理念是把随机选取节点的机制改为根据节点占有某种资源比例来选取节点的机制，设计者希望通过这样的设计，保证无人能够对资源进行垄断（Narayanan et al.，2016）。比如，比特币机制根据计算能力来分配产出的比特币，这也就是俗称的"挖矿"。第二种叫权益证明（proof of stake，PoS）机制，即根据某种币的持有量或者持有时间来进行生产分配。第三种是代理权益证明（delegated proof of stake，DPoS）机制的交易确认方式。代理权益证明机制和权益证明机制的区别就是，代理权益证明机制需要持币者通过某种投票的方式，选出证明交易有效性并维护区块正常运作的代理人（delegates）。这种机制加快了交易确认及运行的速度，同时能够保证分布式数据的安全性（夏清等，2017）。

2.2　数字货币的分类

截至 2022 年 5 月底，市场上共有 9000 多种数字货币，但是数字货币的定义和分类仍没有统一的概念。随着数字货币市场的逐渐成熟，国内外学者和研究机构多次尝试根据对现有货币的认知，将数字货币按照不同的分类标准进行初步划分。

根据货币发行方分类，数字货币可以归为私人货币、公共货币和中央银行货币。有学者认为当下数字货币最大的特点，一是发行者为独立主体，二是摆脱了法定货币的价值尺度（Raskin and Yermack，2018）。根据价值属性来看，可以简单分为稳定价值数字货币和波动价值数字货币。比特币、瑞波币、小蚁币等均属于价值波动的数字货币，USDT、DAI 和 Paxos 等属于稳定币。欧洲中央银行（Europe Central Bank，2012）早期根据数字货币的交易流通性对其做了区分，认为第一类虚拟货币存在于闭合空间中，仅流通于特定场所，如游戏积分；第二种虚拟货币可以实现单向流通，人们可以使用法定货币购买该种虚拟货币，再用该币购买虚拟产品或服务；第三种虚拟货币是双向流通的，该类数字货币可以根据买卖比率购买现实产品或服务，实现虚拟与现实的连接转化。瑞士金融市场监督管理局（FINMA，2018）根据使用特性将数字货币分为三类进行监管。第一类为支付型代币，此类代币与一般货币概念最相似，主要用于交易支付；第二类为功能型代币，通常基于区块链，为用户提供数字访问某应用程序或服务的权利，目前不把其归为证券类；第三类为资产型代币，持有这种代币意味着对发行方债权或权益的所有权，被视同证券类别进行监管。

国际货币基金组织在 2019 年发布的报告《数字货币的崛起》(The rise of digital money)中对数字货币进行了较为全面的归类(Adrian and Mancini-Griffoli, 2019),归纳出货币支付背后四个重要因素,包括类型、价值、背书及科技。类型是指货币交易的所属性,基于物权(object)的交易不需要验证双方信息,而基于债权(claim)的交易则需要复杂的金融基础设施确认货币的归属性。货币支付的价值可以分为固定价值和浮动价值两种。固定价值的货币支付属性以面值作为双方交易前提,浮动价值货币的支付属性则基于市场价值,与债券和股票相似。背书则是指该货币的发行是以政府还是非政府机构背书。科技因素是指数字货币利用了哪种技术,是中心式技术还是分布式技术?根据上述四个重要属性,数字货币被区分为五个种类。第一种是央行货币,包括现金和法定数字货币;第二种是基于区块链技术的公开式物权型数字货币,如比特币和以太币;第三种叫作 b-money,是以政府背书,债权类型的数字货币,如商业银行存款;第四类叫作 e-money,又称为电子现金,也是债权型数字货币,按照票面价值兑付,在背书项上区别于b-money,不由政府背书。中心化的电子现金包括支付宝和微信中的钱,去中心化的电子现金包括稳定币,如 USDT 和 Paxos 等;第五种数字货币叫作 i-money,与e-money 类似,唯一的区别是该类数字货币有资产储备,与权益类投资品相似,因此价值是基于市场价格波动的。

2.3　数字货币的现行讨论

在数字货币的现有研究中,尤其是在数字货币价格不断走向高峰的时候,很多学者试图从不同角度,对数字货币的价值进行定义。一些学者对比特币的价值持否定态度,认为其没有内在价值,因为它不能履行货币的功能,即交换媒介、流通手段、价值尺度和记录单位(Yermack,2015)。因此,数字货币的存在只是纯粹的投机工具(Cheah and Fry,2015)。很多学者认为它的价格波动极大,存在价值泡沫,具有较高的投机性(Bouri et al.,2017c;Cheah and Fry,2015),其中三分之一以上的比特币持有人都没有利用其进行交易,而是用于投资行为(Baur et al.,2018)。另一些学者认为,可以在生产、运行等机制中,研究出数字货币独有的价值来源。Hayes(2017)认为比特币存在一定的价值,提出比特币的价值应该是其边际生产成本加上信誉价值(value of credibility)和市场泡沫的总和,并运用回归分析的方法,测算了 66 种不同的数字货币的价值组成,发现在挖矿网络中的竞争程度、单位挖掘生产率和用于挖掘数字货币的算法难度,这三个因素是其主要的价值构成部分。同时,van Alstyne(2014)认为,比特币技术创新所带来的低交易成本、改进的欺诈检测系统,以及人们的广泛使用赋予了比特币价值。

与此同时，数字货币及其底层技术也常被认为是具有颠覆意义的创新。在金融领域，数字货币带来了极大的创新，Tapscott D 和 Tapscott A（2016）提出数字货币在金融领域的八个核心功能，即价值验证、价值转移、价值储存、价值贷款、价值交换、价值核算、融资与投资、价值保险和风险管理。在数字货币的投资性和风险性方面，比特币与股市、原油价格以及期货市场的关联性较低（Corbet et al.，2018；Handika et al.，2019；Ji et al.，2018），被看作类似于黄金和美元中间属性的安全资产（Dyhrberg，2016），在投资组合中增加少量数字货币可以提高投资收益，规避风险（Bouri et al.，2017c；Brière et al.，2015；Selmi et al.，2018）。因此，数字货币也被认为是一种很好的多元化对冲资产和避风港（Bouri et al.，2017c；Brière et al.，2015；Dyhrberg，2016；Kliber et al.，2019；Selmi et al.，2018；Shahzad et al.，2019，2020；Smales，2019；Urquhart and Zhang，2019）。另外，数字货币也极大程度地减少了价值转移以及投融资成本，降低了金融摩擦，提高了金融效率。数字货币在许多金融基础设施不完善的市场可以作为一般货币和银行服务的替代品，扩大金融服务受众，这将可能促进金融包容性（Scott，2016）。除此以外，在组织层面，数字货币结合区块链技术，使自发性组织成为可能。在没有董事会、公司章程和上级制度的关系中，需要人来管理和决策的地方由算法和代码取代，决策流程和绩效指标变得公开透明。数字货币成为新组织框架的催化剂和黏合剂，推动和监督着这种开放的、自发的组织。数字货币不仅是一种激励手段，更是一种可以捆绑、锁定整个生态圈中利益相关者的媒介（朱晓武，2019），模糊并改变组织边界和结构框架，重新定义契约关系（郭笑春和胡毅，2020）。

2.4 风险管理及其相关概念

风险一词始终没有统一的定义。在很多经济、金融学领域的文章中，对风险的定义主要考虑的是期望损失，或者是对事件概率性的计算（Campbell，2005；Haynes，1895；Willis，2007）。在社会科学领域的学者，对风险的定义做了进一步的具体阐释，他们认为人们之所以谈及风险，是因为发生了负面事件，但是负面一词是具有主观价值判断的，对于不同群体来说，同一事件存在不同理解。Rosa（2003）认为，风险是独立存在于人的意识和认知的，并且风险真正的发生也独立于我们的计算。Aven 和 Renn（2010）进一步提出了风险的新定义，他们认为风险是对于某些在人们价值观中所看重事件、结果的不确定和严重性的评估。Aven（2012）认为，单纯定义风险为概率、客观不确定性、期望值等有多重缺点，这种对风险的定义考虑范围过于狭隘。该学者通过对不同类型风险定义的详尽分析，认为风险定义中最全面的概念包括了"不确定性"和"结果"两个维度。这两个维度体现了多重含义，包括在判断风险过程中人的价值观、与正常状态的偏差及概率性和损失程度。

本书采纳了 Aven（2012）对风险的定义。那么对于数字货币来说，其风险也可以被归纳为不确定性和产生的结果两个方面。那么不确定性可以是数字货币发展中所带来一些难以预料的事件和趋势，包括数字货币快速发展的态势，以及不断涌现出打破现行监管框架的事件等。对于产生的后果，可以说是数字货币所带来最终的影响，如对法定货币形成的竞争和挑战，市场投机行为所带来的社会影响，以及以数字货币为代表的新兴金融资产等。

另外，在论述风险管理之前，本书首先明确风险治理的概念。风险治理是指将治理的实质和核心原则转化为风险和与风险相关的决策环境（Renn，2008）。想要对风险进行合理的治理，需要多方利益相关者的合作和协调，同时涉及法律法规方面的机制问题，以及具体的流程措施和系统构建等。因此，风险治理的过程不仅仅包含各个参与者之间的碰撞和协商，更是需要考虑到所处的制度环境、文化背景，以及参与主体对风险的认知程度等。

在风险治理的过程中，主要包括了三个环节：风险评估、风险管理、风险沟通（Lyall and Tait，2005）。其中，风险评估是指对风险发生可能性、特征的评估。风险管理是指对产生的风险事件预防、减少和转化的过程。狭义上风险管理和风险识别是区分开来的，但是近些年，两者概念的边界逐渐模糊，因为在整个风险治理的过程中，两者的关系相辅相依。

在风险管理过程中，实际上我们首先需要考虑风险识别和评估，确定不同的风险因素和风险特征，其次根据环境背景特点采取一定措施，及时地抑制各种风险因素的发生，增加整个系统对于风险的弹性。在选择合适的风险管理战略时，会面临不同类别的风险类型，需要对应采取不同类别的措施。Aven 和 Renn（2010）将风险类别分为四种，包括直线型风险问题、复杂型风险问题、不确定型风险问题，以及模糊性较高型风险问题。在直线型风险问题中，我们可以简单地通过数据统计来对风险进行评估，如收益成本分析、期望分析等，后续风险管理的主要目的是降低这些可以评估的风险。在面临较为复杂的风险时，我们很难直接找到一个方案去直接降低整体的风险水平，因此风险管理的目标则变为对风险事件进行完整且有权衡的评估，寻找真正的风险关注点，并做出多维度的管理措施。面对这种复杂的风险，可以通过设立风险管理部门，或者通过建立一个完整的系统去降低风险的暴露。在面临不确定性风险问题时，风险管理的态度应该以谨慎为主。在采取措施时，每次以小的进步作为尝试，一点点开放措施，在可控的范围内试错，一旦产生极大的负面影响，甚至可以采取更加严苛的态度退回安全区。在面对不确定性较高的风险问题时，通常是由不同利益相关者的态度差异所引起的。在这种情况下，风险管理过程需要考虑到更广泛的社会影响，将不确定性较高的问题转化为可以评估的数字，给不同利益相关者以一定的安全感。本章认为，数字货币的风险管理可以被看作复杂且不确定性较高的问题。

数字货币独立于国家政府，以第三方发行为主，因此会面临目前法定货币尚不存在的风险，并给整个货币系统带来前所未有的挑战。从利益相关者角度来看，数字货币所面临的风险主要涉及国家政府、数字货币投资者、数字货币的发行人和交易商等利益相关者（黄国平，2020）。对于国家政府来说，主要面临了主权风险、系统性风险和安全风险。投资者、数字货币的发行人和交易商，会面临数字货币所带来的信用风险、市场风险、技术和操作风险、流动性风险，以及法律合规风险。从风险类别来看，数字货币主要会面临一定的法律风险、技术风险、市场风险，以及安全风险（冒艳玲，2017）。

想要探究技术、安全等风险，需要研究人员对数字货币的底层技术有深入的理解，这超出了经济、社会领域范畴，因此本章主要选取了国家政府层面和金融市场层面的问题，对数字货币的风险及其管理进行讨论。

2.5 数字货币带来的市场风险

相比于传统金融市场，由于数字货币的价值来源区别于一般金融资产，没有底层标的资产作为保证，价值争议较高，这也导致在数字货币市场上，整体交易的风险性和投机性都高于传统金融市场（Troster et al.，2019）。比特币及其他数字货币都存在较高的流动性风险，这让数字货币产生了"厚尾"现象（Fry，2018）。一般来说，市场的高波动性通常伴随着高流动性，但对数字货币市场来说，高波动性却是造成低流动性的格兰杰原因，低市场流动性通常伴随高波动性（Będowska-Sójka et al.，2020）。Baur 等（2018）研究认为，无论是在正常时期还是在经济不稳定时期，比特币与传统的资产类别（如股票、债券和期货等）均不相关。比特币可以作为世界主要股票指数、债券、石油、黄金、一般商品指数和美元指数的避险资产（Bouri et al.，2017c）。Urquhart 和 Zhang（2019）发现比特币可以作为瑞郎、欧元和英镑的日内对冲资产，同时也可以作为分散澳元、加元和日元风险的分散化资产。Moore 和 Stephen（2016）通过蒙特卡罗模拟验证了比特币的风险对冲作用，认为巴巴多斯中央银行应该把一小部分数字货币作为储备，由此可以防止投机性攻击并从其高收益中获利。无论数字货币是不是真正意义上的"货币"，都不妨碍其作为一种被称为"新黄金"的投资资产而存在（Klein et al.，2018）。

数字货币市场对于信息和事件呈现出高度的敏感性，如政治事件、法律法规、数字货币新闻等（Aysan et al.，2019；Katsiampa，2019；Wang et al.，2020）。Demir 等（2018）利用贝叶斯图形结构向量自回归、普通最小二乘法和分位数回归等方法，来研究经济政策不确定性（economic policy uncertainty，EPU）指数对比特币收益的预测能力。研究发现，比特币收益与 EPU 呈负相关，因此作者认为比特币可以作为对冲不确定性的工具。类似的研究还有 Wang 等（2019），利用美国 EPU 指数、股市不确定性指数和恐慌指数（volatility index，VIX）作为变量，通过多元分位数回归和格兰杰因果检验，研究了 EPU 到比特币的风险溢出效应。在中国禁止数字货币之前，中国政策不确定性对数字货币市场的波动性有预测作用。中国的政策不确定性在一定程度上影响着数字货币的交易量、收益率以及波动率（Borri and Shakhnov，2020；Cheng and Yen，2020；Yen and Cheng，2021）。整体来说，数字货币市场能够反映反洗钱法规、交易所法规、数字货币发行法规，以及法定数字货币的相关信息（Shanaev et al.，2020）。

另外，数字货币市场对市场关注度及情绪的反应也十分敏感。Kristoufek（2013）首次将比特币与谷歌搜索指数和维基百科搜索指数相连接，并证明两个搜索指数不仅与比特币价格相关，而且在高于或低于其趋势值时，对数字货币兴趣增加的影响也存在明显的不对称。Panagiotidis 等（2018）利用 Lasso 回归和 2533 个日度观测值研究了诸如股票、外汇、黄金、石油以及美联储和欧洲中央银行利率等 21 种潜在的比特币收益驱动因素，结论认为比特币的被搜索强度和黄金市场收益率成为影响比特币收益的最重要因素。这个结论体现出，数字货币关注度的波动也极大地影响着其市场价格。Urquhart（2018）通过研究投资者关注度与比特币基本面之间的关系，发现既有的波动性和交易量都是影响比特币第二天关注度的重要驱动力；得到同样结论的还有 Liu 和 Tsyvinski（2021）。Naeem 等（2021）采用 VIX 和推特幸福指数作为代理变量来预测比特币的市场价格，投资者的网络情绪是加密货币回报的重要非线性预测指标，同时作为情绪代理变量，推特幸福指数效果优异，数字货币的回报似乎更多的是通过社交媒体传递情绪而非宏观经济新闻所驱动，这与加密货币参与者，特别是以年轻的计算机爱好者为主的性质相符。

另外，在数字货币市场，除了与其他资产之间呈现出来特有的性质以外，数字货币市场自身被诟病存在巨大的市场泡沫。Kristoufek（2015）通过小波分解的方法探究了比特币的价格组成，他认为比特币是由以下三个因素组成：货币属性的基本因素、科技因素和投机因素。其中，货币属性的基本因素包括供给量、价格水平和流通数量等。由于比特币的供给需要由计算机计算产出，也有学者认为比特币的价值是生产比特币的边际成本加上其信用性和投机泡沫（Iwamura et al.，2014）。已经有大量证据表明，经济情绪、投机动机、市场预期共同引发了资本市场价格与基本价值的重大分歧。Chen 和 Hafner（2019）结合市场情绪，识别出了多个比特币 2017 年和 2018 年的多个泡沫时期，在泡沫期市场的平均波动性上升。Kyriazis 等（2020）通过对数字货币价格文献的综述整理，发现自 2015 年 6 月以来，比特币似乎一直处于泡沫阶段；同时自2015年9月以来，以太坊、新经币（New Economy Movement，NEM）、Stellar、Ripple、Litecoin 和达世币（DASH）也被认为具有类似泡沫的特征。

在不同发展阶段，数字货币所暴露和面临的风险也呈现出不一样的趋势和特征。在市场相对稳定的时期，Bouri 等（2017a）利用分位数回归的方法，发现数字货币的波动性和收益率在高分位时对不确定性呈现出正相关关系，特别是在短期投资时间内。在新冠疫情期间，研究发现相较于传统的权益市场，数字货币市场的不规则性和不稳定性大大提升。从信息有效性角度来看，在新冠疫情期间投资数字货币比投资一般权益资产面临更高的风险水平（Lahmiri and Bekiros，2020）。Ji 等（2018）利用 Bai 与 Perron 提出的断点的方法，识别了比特币在发展中的三个时间段，分别为2010～2013年、2014年及2015～2017年底。在不同时间段内，数字货币与其他金融资产之间不存在同期风险传染；同时，相比于牛市，熊市阶段其他金融资产的波动可以更好地解释数字货币的波动。

2.6　数字货币带来的治理风险

数字货币结合区块链的特殊性质，依靠加密协议调节、创建或交换货币。例如，比特币是一种全球性的分布式加密数字货币，仅由开发源社区管理加密协议，没有政府、企业或银行负责发行或管理数字货币（de Filippi，2014）。缺乏监管的交易活动容易被别有用心的人利用。当时，公众对比特币的了解还处于未知阶段，人们对此并不十分了解。在2017年比特币获得更广泛普及后，更多人对该主题产生了兴趣。一些人开始通过交易所进行交易和投机，有人将其用作筹集资金的创新方法，而另一些人则将其视为实现金融包容性的潜在工具（Clegg，2014）。所以数字货币交易活动的监管与治理也是具有争议的问题，成为学者热衷研究的对象。

比特币这种点对点的交易特性让其在许多犯罪活动中充当了交易手段（Christin，2013）。无国界的交易便利性也给犯罪分子提供了新的金融渠道，如为洗钱提供了极大的便利。席卷全球的"勒索病毒"，更是将比特币推上了舆论的风口浪尖（张雨婕和陈林萍，2018）。因此，比特币也得到了监管机构、企业、学者和全球广大公众的关注。通过从区块中汲取的钱包地址和资金流向，有研究对比特币的交易活动进行分析，认为仅有很小一部分比特币处于流动状态（Ron and Shamir，2013），且在过去十年里，比特币交易的46%都涉及违法活动，换算成美元则等同于2400万名参与者实现了每年720亿美元的违法数额（Foley et al.，2019）。数字货币在这种监管框架缺失的背景下，几乎可以实现无约束的跨境流动，为资本外逃开设便利，在小型开放经济中，比特币的过度流失会带来国内比特币价格的大幅上升以及相应的福利损失（刘壮和袁磊，2019）。在 2017～2018 年，许多人打着初次代币融资的名义，对广大投资者进行项目融资，然后圈钱跑路。这些违法的投机分子一度让数字货币成为诈骗的代名词，使得人们避而不及，对数字货币的发展失去信心。

数字货币作为新兴事物，在发展的进程中有很多方面难以被现有的监管体系和治理框架所覆盖，而监管的缺失会带来相应的治理风险。赵越强（2020）认为，以比特币为首的多种数字货币具有超主权性质，然而全球各国对数字货币的监管态度及监管方式差距极大，没有统一的标准，也缺乏协调的监管合作。从宏观层面来看，数字货币的发展可能会带来金融不稳定风险，从交易支付到国际结算，汇率变动、交易流动性及系统设计等因素，会造成金融系统的动荡。另外，数字货币的特点之一就是其货币的数字形态加之创新型技术，因此无论是利用区块链、人工智能还是大数据技术，数字货币都较为依赖数据决策。因此，在应用层面上，如若底层数据存在误差或错误，后续将影响决策的准确性，带来或有数据决策风险。Beaumier 等（2020）在中心度和实质性的基础上提出了一种数字技术类型学，以突出各种技术工具如何影响效率分配。该研究表明数字货币更少地依赖技术工具，如卫星、电话和电缆等，这意味着物理上的连接便利；中心度则取决于技术对中介机构的需求程度。区块链和数字货币具有低技术依赖性和分布式的特征，通常具有非专有和开源性质，使得监管机构难以实施控制。因此，这种数字技术需要给予更多的关注，需要全球合作和公私合作来加强监管。

此外，绕过受信任的第三方并允许人们直接进行交易的数字货币特征也会造成金融体系与政府监管之间的紧张关系，在某种程度上形成与法定货币的竞争和挑战。通过实物、符号和虚构的本体三元论所归类的三种理想的典型货币特征理论——商品理论、法定理论和信用理论，来分析比特币的货币特征，可以发现比特币对传统形式的货币构成意识形态的挑战，因为它不仅挑战了人们对货币的固有观念，还反映了现有国家授权的货币系统固有的限制、风险甚至剥削（Bjerg，2016）。Hegadekatti（2016）认为，政府人员和机构之间正在发生一种范式转变，在这种情况下，数字货币会侵犯税收和资本流动的权力，而计算能力将取代军事力量。Bauwens 和 Kostakis（2013）认为，在自由主义者的政治意识形态中，应消灭国家，而享有个人主权、私有财产和自由市场，以比特币为代表的数字货币标志着这种"社会主权"。有人认为，比特币是一种反映新型的由资本主义分配的资本主义货币。它反映了使用对等基础架构来捕获资本积累的数字时代的技术网络。但比特币偏离了既定的框架，作为一种竞争性货币来促进稀缺性和货币竞争。这证明了政府法定货币以外的其他货币也可以存在和扩展。Karlstrøm（2014）认为，分散式匿名通信和算法生产功能将比特币表征为数字货币的新代理，以击败政府对货币供应经济的控制和垄断。但是，从物质嵌入（material embeddedness）理论的角度来看，不可能从现代经济中释放金钱和社会纽带。但我们需要认识到，比特币对统治秩序构成了一些威胁，如非法活动。

2.7 新兴科技及数字货币的治理

数字技术与国家之间的治理关系是一个长期存在的问题。对于加密货币而言，区块链技术被认为是第二代数字革命，"其为我们带来了价值互联网：一个新的分布式平台，可以帮助我们重塑商业世界并改善人类的旧秩序"（Tapscott D and Tapscott A，2016）。在货币方面，它也重新定义了货币的概念，开创了货币竞争的新纪元。但同时，新兴科技也会带来巨大风险。Bosso（2013）指出，社会必须平衡技术创新的潜在利益与经济、社会和个人领域的风险。收益有时是短期且可以度量的，而风险常常是长期且难以度量的。科技创新和风险都不是唯一的客观事实现象，而是通过社会构建的活动，取决于行为者和环境的主观态度、理解、价值观和文化（Abbott，2013）。在数字科技的治理过程中，国家是非常重要的角色，负责整个治理的顶层设计，并且在设置治理方向、法律法规和制度革新上拥有极大的权力（王明国，2015）。

学术界对于数字货币的监管态度存在一定的争论，部分学者认为数字货币的部分特导致其常被应用于非法交易和犯罪活动，危害金融市场，损害公众利益，因此政府当局应当制定措施加强监管。Marian（2013）认为数字货币是天然的避税天堂，其收入可以实现匿名制，不受税收管理。并且进一步提出，政府应该通过提高犯罪效用的方式来控制犯罪率，特别是通过对数字货币进行纳税的方式，来抑制数字货币犯罪的数量（Marian，2015）。de Filippi（2014）概述了监管政策以及有关欧洲及其他地区对比特币监管的讨论，表述了数字货币对全球政府和金融机构构成的潜在威胁，总结出监管挑战以及国家监管机构提出合理监管框架的困难，作者认为，这解释了当前监管对策缺乏的原因。

虽然数字货币需要进行监管，但是为了避免在这个新生的生态系统中过度扼杀创新，可以通过自我约束更好地应对其中一些挑战。还有部分学者认为数字货币尽管存在一定的缺陷，但其作为一种创新浪潮，发展进程不应被过度的监管所扼杀。Campbell-Verduyn（2017）评估了全球反洗钱制度在平衡这些新颖"山寨货币"带来的挑战和机遇方面的有效性，并得到了两个主要结论。首先，数字货币作为非法交易媒介带来的威胁对目前全球反洗钱工作的影响不大，而更多的是其基础区块链技术带来的机遇；其次，尽管这种新兴技术存在一些缺陷，但反洗钱金融行动特别工作组（Financial Action Task Force on Money Laundering，FATF）奉行的基于风险的方法在现有威胁和当前存在的数字货币机会之间取得了有效的平衡。不过，该研究不是进行结论性的评估，而是强调需要持续监视和调查数字货币在快速技术变革时代对全球反洗钱工作提出的更广泛的道德含义。对于监管机构和政府审查匿名交易与犯罪活动而言，匿名性具有挑战性。

总体来看，对数字科技及数字货币的治理模式可以根据各国的监管态度分为几种不同的策略。Linkov 等（2018）针对新兴科技提出了三种治理策略，分别是自由放任模式、先发制人模式以及管理人模式。在自由放任模式下，政府对市场的干预有限，主要依靠行业驱动力。先发制人模式旨在防止不可逆转的风险，以避免可能危害国家权力的负面事件。在管理人模式下，政府则倾向于积极地完善数字系统并建立对未来和新出现威胁的响应能力。Zhang 和 Jia（2017）特别针对数字货币，以俄罗斯、中国和美国为例，阐述了三种不同的治理模式。其认为俄罗斯采取了完全禁止数字货币发展的治理策略，美国则是主要依靠市场驱动力，中国早期的治理模式是最能平衡风险和机遇的中间模式。Whitford 和 Anderson（2020）认为在治理新兴科技的过程中，主要可以从两个维度进行考虑，第一是被监管对象的本质，也就是从主体目标角度出发，更关注于事物特性本身，根据监管对象来制定监管策略，具有更高的监管效率；第二是监管过程的本质，这一维度更注重通过监管的过程最终实现对新兴技术的采纳或应用。这种视角较为广泛地去定义价值，注重参与稳定性、合规性、权益的分配等。作者通过对 70 个不同组织的数字货币的治理模式的分析，发现早期的治理模式以自治和私人财产的治理态度为主，到后期逐渐演变为志愿合规模式。对新兴科技采用适应性的治理模式，有助于这一地区更加灵活主动地与新兴科技共同成长（Mandel，2009）。另外，整体的治理模式应该注重平衡新科技所带来的创新与风险，本书认为数字货币在保证合理监督的情况下，应不影响创新的发展（Reyes，2016）。

2.8　本　章　小　结

本章对数字货币相关的概念及定义进行整理，同时梳理了数字货币的不同分类。本书所指的数字货币，以狭义上不需要物理载体、纯数字化的数字货币为主，包括利用分布式技术或者区块链技术的加密货币、未利用相关加密技术的私人数字货币，以及主权国家所发行的法定数字货币种类。

在风险管理范畴，本章认为数字货币的风险可以被看作复杂性高且不确定性高的类别，其所需要的风险管理方式需要考虑多维度的政治、经济、金融、文化等因素，并逐渐形成新的治理系统去平衡风险与机遇。因此本章选取了国家政府层面和金融市场的视角，更加综合地去讨论数字货币的风险及其管理。

数字货币自诞生以来，就存在多种争议，包括其价值组成、货币属性、投机泡沫等，但同时也被很多学者和业界人士视为带来创新革命的新兴技术之一。它的存在是一把双刃剑。在风险维度，本章梳理了数字货币在市场上的风险以及监管治理层面的风险。在市场风险方面，本章探讨了数字货币自身独特的交易投机风险、底层设置影响因素及其作为潜在避险资产的可能性；在监管风险方面，很多学者考虑到数字货币的非主权性及现行的监管空白，认为这可能导致数字货币面临洗钱、逃税、违法等活动的风险暴露。这些考虑解答了监管层为何需要治理数字货币的原因。本章认为，各国的治理机构需要协调和平衡好数字货币在发展中的风险与机遇。

另外，通过数字货币相关概念及焦点的梳理，可知目前仍存在多方面值得进一步深入探究的问题，具体如下。

第一，整体上对数字货币风险研究的文献缺乏多视角的分析。目前研究主要集中于单一维度，如市场风险或者政治风险，但极少有研究将多个维度的风险结合在一起构建完善的风险管理和风险治理体系，从不同角度综合考虑数字货币的治理。

第二，现有文献对数字货币不同时间、不同事件下的风险特征识别研究较少。数字货币仍处于高速发展阶段，现有的文献对早期数字货币的风险特征进行了一定的分析和研究，但是随着数字货币在全球大类资产中扮演着越来越重要的角色，以及随着全球政治、经济、金融、科技等趋势的不断演化发展，特别是在2020年新冠疫情的冲击之后，数字货币的风险因素、特征、影响及其治理都产生了新的变化，需要学者进一步对其进行深入探究。

第三，现有研究大多停留在风险识别和评估层面，没有进一步提出合理的管理方案。在金融市场层面，鲜有研究对如何管理市场风险提出系统的指标或方法。现有的研究主要探究数字货币及其与传统金融资产之间的市场风险特征，目前已有一定的研究基础及研究成果。但是，仅仅识别数字货币的风险是不足够的，我们需要构建合适的风险管理工具。这是在充分了解数字货币自身特征及其风险特征后，需要进一步探究的问题。在宏观治理层面，各个国家正在积极地开展法律法规的建设，但目前仍然对如何进行监管和治理存在一些争议。已有少量文献通过探究新兴科技的特征，连接了国家的治理策略。但在此基础上，仍然需要结合数字货币独特的发展历程及风险因素，考虑与时俱进的治理策略。如何能够更加合理地审视数字货币发展，并对数字货币的治理进行动态调整，是值得产学研多方共同努力探索的问题。

第3章 数字货币研究的文献计量

数字货币自 2008 年诞生后，很快便引起了全球学者的关注。作为新兴领域，相关研究工作发展飞速，迎来一个又一个新的主题和方向，有许多亟待解决的问题需要学者进一步探索。虽然数字货币与区块链之间有着千丝万缕的联系，但本质上区别于区块链的应用。区块链是数字货币的技术支持，重点关注于科技领域，而数字货币的主要讨论集中于经济社会层面。因此，本章对数字货币的研究发展进行文献计量分析，主要对数字货币领域经济与管理科学、社会科学领域的研究进行讨论。

3.1 数 据 收 集

本章采用文献计量的方法对数字货币在社会、经济及应用领域发表的论文进行探究。数据选取 Web of Science 核心合集数据库和 Scopus 数据库中时间跨度为 2008 年 1 月 1 日～2018 年 6 月 30 日的样本，采用"cryptocurrency""crypto currency""Bitcoin"三个关键词。在 Web of Science 核心合集中，初始搜索不包括"计算机科学理论方法""计算机科学软件工程""计算机科学硬件体系结构"类别。在 Scopus 中，因为无法清除每个类别中与分析主题相关的文献，没有具体类别被排除在外。最初的搜索结果在 Web of Science 核心合集中返回了 375 条记录，在 Scopus 中返回了 1379 条记录，获取了共计 1754 个数据。通过人工阅读文章摘要，剔除不符合范围的文献，最后选取了 833 个相关的文献数据。

3.2 数据分析方法

本章采用了三种分析工具：Excel、Gephi 和 CiteSpace。Excel 用于清理数据并生成描述性统计图；Gephi 用于生成合作网络，它的计算工具和图形功能提供了可视化的结果展示，具有较高的可读性和可理解性；其余的可视化图表均由 CiteSpace 生成。

CiteSpace 是一个免费的工具，主要适用于信息管理领域（Chen，2006），旨在通过该软件进行交互式和探索性的演变、聚类分析等。CiteSpace 中存在一些嵌入式函数，本章主要使用了其中四个自带功能，分别为聚类标注、突发性检测、识别中心枢纽节点、时间线分析。在 CiteSpace 中，聚类的识别和标注是根据文中关键词的层次结构来确定的（Tibély et al.，2013），这些关键词引用聚类由软件自动生成。组成聚类的参考文献被认为是该领域的基础文献。突发性检测是一种可以识别新出现领域的方法，其运用了 Kleinberg 算法（Kleinberg，2003），在识别过程中不考虑论文的引用次数（Chen，2006）。在图中，具有突发性特征的节点用较深的颜色突出显示。中心枢纽点被定义为连接两个不同聚类的重要节点，用中心度衡量。中心枢纽点的中心度超过 0.1，在网络中用环型突出显示。网络聚类的时间线分析是在时间范围固定的情况下，对一组文章被引用的基础文献进行可视化分析（Morris et al.，2003）。图中节点的半径的大小代表了原文献的数量或引文的数量，由深到浅的不同色环代表了时间年限。结合上述功能，CiteSpace 是一个有效跟踪和可视化时间线的工具，也是本章检测科学文献和知识基础演变研究趋势的工具。

3.3　描述性分析

图 3.1 描绘了数字货币相关论文发表总数、每年发表数量及增长趋势。我们可以看到数字货币的论文起源于 2011 年，是一个较新的研究领域。从其论文数量的指数增长也可以看出，其目前仍处于成长期。2016 年其增长速度放缓，因为总计发表文章基数增大，增长百分比的绝对值仍然处于高位。

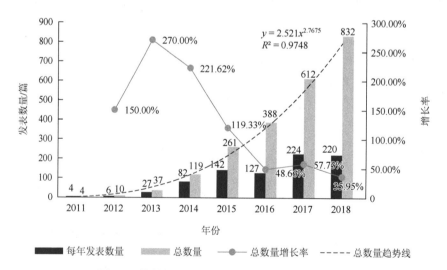

图 3.1　数字货币研究论文发表的历年数量及增长

因在研究开展时一篇 2019 年预发表的论文已被纳入数据库，故不在此图中显示

表 3.1 列出了所收集数据的出版类型。在所有现有记录中，50.78%（423 篇）是期刊文章形式，28.57%（238 篇）是会议论文形式。其余的相关出版物以书籍（1.68%，14 篇）、书籍章节（6.96%，58 篇）、社论（editorial）（4.08%，34 篇）、综述（3.36%，28 篇）、研究笔记（note）（1.80%，15 篇）、快报（letter）（1.20%，10 篇）和其他来源（1.56%）的形式发表。社论是指媒体的文章、通信、评论和采访，评论是指对已发表的某一特定主题的论文进行评述的文章①。

表 3.1　数字货币文献出版类型

类型	数量/篇	占比
期刊文章	423	50.78%
书籍	14	1.68%
书籍章节	58	6.96%
书籍评论	6	0.72%
会议论文	238	28.57%
社论	34	4.08%
快报	10	1.20%
会议摘要	1	0.12%
研究笔记	15	1.80%
综述	28	3.36%
短调查	6	0.72%
合计	833	100%

注：因四舍五入，存在相加不为 100% 情况

3.4　文　献　来　源

表 3.2 列出了数字货币研究的前十个出版物来源（后三个期刊并列第十）。尽管论文是最多的文献类型，但从表 3.2 可以看出，排名前三的刊物是 *Lecture Notes in Computer Science*（57 篇）、*Handbook of Digital Currency：Bitcoin，Innovation，Financial Instruments，and Big Data*（28 篇）和 *The Economist*（23 篇），它们分别是会议文集、书籍和杂志（magazine）。发表数量最多的学术期刊（journal）是 *Finance Research Letter*（19 篇），其次是 *Economics Letter*（18 篇）和 *PLoS One*（12 篇）。

---

① 《文献类型》，https://images.webofknowledge.com/WOKRS530JR6/help/zh_CN/WOK/hs_document_types.html，2023-10-30。

排名前十的刊物具备多元化学科背景，不仅包括计算机科学、经济、金融，还包括自然科学、商业、管理等多学科。表 3.2 中还列出了 H 指数，也就是文章的影响力指数。可以看到，一些非常有影响力的期刊也位列数字货币研究出版物来源的前几名，如 Nature。这意味着该研究领域已经引起了学术界的广泛关注，也象征着数字货币很可能已经或者在不久的将来，就会对大众的生活产生巨大影响。另外，数字货币的论文也在很多具有较高声誉的杂志上进行了刊登。因为同行评议的学术期刊，从投稿到见刊，中间需要较长的时间来处理，而杂志的出版周期较快，可以对新兴领域的最新热点做出快速反应。

表 3.2　出版来源和期刊信息

期刊名称	数量/篇	类型	国家	领域	H 指数
其他	597				
来源不明	12				
Lecture Notes in Computer Science	57	会议文集	德国	计算机、数学	296
Handbook of Digital Currency：Bitcoin，Innovation，Financial Instruments，and Big Data	28	书籍			
The Economist	23	杂志	英国	商业、管理和会计；经济、计量经济和金融	10
Finance Research Letter	19	期刊	美国	经济、计量经济和金融	21
Economics Letter	18	期刊	荷兰	经济、计量经济和金融	77
New Scientist	18	杂志	英国	交叉学科	16
Technology Review	15	杂志	美国	交叉学科	12
PLoS One	12	期刊	美国	农业、生物科学、基因和分子生物、医药	241
Nature	10	期刊	英国	交叉学科	1052
IEEE Access	8	期刊	美国	计算机、工学类、材料科学	36
IEEE Spectrum	8	期刊	美国	工学类、数学	57
Physica A：Statistical Mechanics and its Applications	8	期刊	荷兰	物理和天文学	133
总计	833				

3.5　国家合作网络

数字货币是一种新兴技术，它的发展会对全球金融机制、商业实践、技术应用产生巨大影响，许多来自不同国家的学者都从自己的视角对数字货币进行了研究。了解各个国家目前在数字货币领域的研究进展和兴趣角度是十分重要的。为

此，本章首先构建了国家合作网络，其次利用时间轴视图对不同国家的研究领域
进行可视化和聚类分析。

图 3.2 描述了国家合作网络。节点的大小代表节点度，也就是该国家在数字
货币领域发表的文章数量；节点颜色越深，表示该国家在网络中的中心度越高，
而浅色则表示它的中心度相对较低；边的粗细代表两个国家之间合作的密切程度，
边越粗说明两个节点之间合作次数越多。美国和欧洲在数字货币研究领域中处于
领先地位，其中，美国的研究发表数量在所有国家中最多（205 次）。英国、德国、
意大利和法国紧随其后，分别为 88 次、60 次、38 次和 35 次。亚洲对数字货币研
究也表现出浓厚的兴趣，中国（50 次）的发表数量居于亚洲之首，印度、韩国和
新加坡紧随其后。此外，美国和英国也分别以 0.52 和 0.38 位居中心化的第一名和
第二名。其他中心度较高的国家还有法国（0.31）、意大利（0.19）、印度（0.12）、
俄罗斯（0.12）和西班牙（0.11）。印度是中东和欧洲之间合作的桥梁，俄罗斯是
连接东欧和中亚研究合作的枢纽。美国、英国和法国是与其他地区科研合作最多

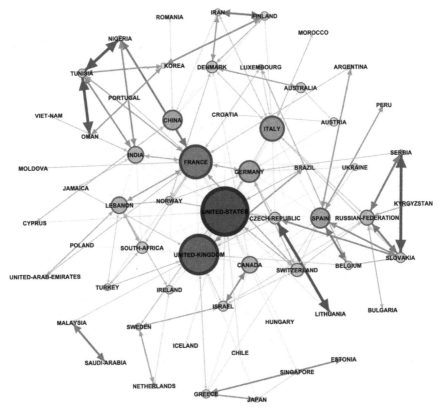

图 3.2　国家合作网络

图中英文对应的中文名称见章后附录

的三个国家。平均每个国家拓展了 4.7 个合作方进行研究。不过该数值并不能展现出各个国家的广泛合作网络，说明在数字货币新兴领域各国仍需要进一步开展学术交流。整体来看，发表论文数量较多的国家不一定能占据枢纽地位，这可能是因为其与其他地区的学术交流有限，研究兴趣相对孤立。因此，将不同国家的研究兴趣结合起来，与其他地区建立有效的交流与合作网络，是比单纯发表大量论文更有效提升影响力的方法。

从时间轴视图上看（图 3.3），各个国家的研究主要分为五条主线。研究数量较多、较集中的时间线为 "#0 information transmission"。在这条时间线上，使用金融和经济模型来探索数字货币价格、波动性和回报的研究较多。印度、法国、韩国、南非和黎巴嫩是主要贡献者。这条时间线始于 2014 年，它是五条研究脉络中较新的聚类。时间线 "#1 bitcoin network"，由爱尔兰在 2011 年开始研究。它是数字货币领域最早的研究重点之一。在这个集群中，很多国家产出了关于比特币的匿名性、隐私性、交易网络、密码学等方面具有影响力的论文（Androulaki et al.，2013；Eyal and Sirer，2018；Reid and Harrigan，2011）。美国和德国在这条线上，其中，美国建立了世界上第一家比特币期货交易所，其强大的技术创新和计算机科学背景使美国在这一领域具备洞察力。德国是欧洲区块链创业的中心之一。一些有影响力的项目，如分布式自治组织（decentralized autonomous organization，DAO）以及 IOTA 等数字货币，都是由德国的参与者发起的。同时，德国对加密货币发展有较为友好的监管环境。德国是第一个承认比特币私人货币和金融工具地位的政府（Khairuddin et al.，2016）。此外，德国对持有满一年的加密货币收益免征税。同时，较为发达的数字货币基础设施使这两个国家拥有最活跃的比特币交易验证节点，这意味着这两个国家在数字货币及其技术的应用方面具有较高的关注程度，可以利用其良好的基础设施对数字货币的网络进行深度探究。

时间线 "#2 smart grid" 的相关研究是从 2012 年和 2013 年开始于以色列和瑞士的。在这条时间线上的研究关注数字货币的应用，特别是比特币挖矿对能源的消耗，以及智能电网基础设施领域。时间线 "#3 political economy"，主要探究数字货币的法律框架及治理问题。英国在 2012 年开始探索这一研究课题，马来西亚、日本和新加坡等亚洲国家紧跟其步伐。在很多亚洲国家，数字货币的使用引发了监管当局的密切关注，这是因为亚洲国家比大多数欧洲和北美国家具有更强的监管意识，对资本流动市场控制更加严格。时间线 "#4 new digital currency"，主要讨论了数字货币如何颠覆政府当局内部的信任体系，以及货币如何促进商业运作和全球支付。中国近年来数字支付发展迅速，在金融科技方面，特别是数字支付领域具备较高的覆盖面（Chen，2016），这可能是因为中国比较关注该研究方向。

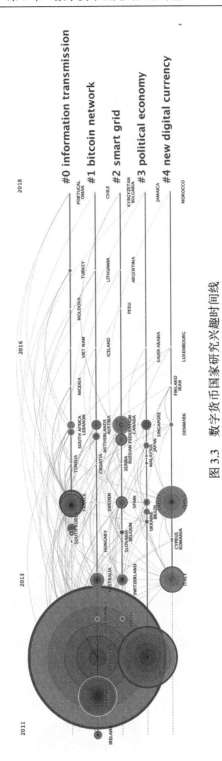

图 3.3　数字货币国家研究兴趣时间线

图中英文翻译：#0 信息传导；#1 比特币网络；#2 智能网络；#3 政治经济；#4 新数字货币

　　各国对不同研究主题的关注度不同是非常有意思的现象。某些国家对某一特定的研究兴趣比其他国家都强，其中原因可能来自社会、技术、历史、经济和文化等各个方面。研究兴趣在一定程度上反映了当前各个领域在各国的发展趋势。另外，对某一领域的高度关注部分源于该国的科研长板，如一些具有影响力的大学领导研究趋势，或者该国在某些研究领域的能力具有历史优势。需要注意的是，该时间轴是基于本章研究数据所生成的。因此，在某些发表文章数量较少的国家中，其中一篇具有影响力的文献会在很大程度上影响某个国家的研究趋势。

3.6　作者合作网络

　　为了更全面地了解在研究领域发挥重要作用的作者，本章对作者的产出水平、被引次数和合作网络进行了评估。有学者认为，仅仅从论文发表数量来判断研究质量是一种不充分的评估方法（Fanelli，2010）。产出水平和活跃的合作网络并不能保证学者产出研究的质量及影响力。为了避免唯论文数量论的现象，引用次数是衡量其影响的重要标准。一般来说，高质量的研究成果会有较高的引用次数，进而反映学者的前瞻性和研究深度（Carpenter et al.，2014）。图 3.4 展示了作者合作网络，表 3.3 陈列了产出水平较高的作者，以及高被引次数的作者。所有的统计数字都是基于样本数据，因此有些作者可能在其他的出版物中发表了更多的文章，并拥有比数据集统计中更高的引用率，本章的结果可能无法完全覆盖。

　　如图 3.4 所示，节点大小代表了每个作者在网络中的度，表示了他与其他作者合作的数量。节点的颜色越深，说明该作者发表的论文越多；边的颜色越深代表作者之间合作次数越多。图 3.4 中的网络图筛选出合作大于两人的作者，其他只有一次合作的作者不在图中显示。

　　从图 3.4 中我们可以看到，合作网络呈现零散的分布特征，并没有形成连接多个合作网络的聚集。很多子群表现出小团体特征，也就是说大部分合作局限于小范围内，很少有研究者成功地进行过一次以上的国际合作。整个网络呈现出的度为 2.7，也就是说每个作者在数字货币研究中平均与其他 2～3 个研究者进行过合作。因此，在这一研究领域，广泛的合作还没有形成，仍有待进一步扩展。

　　通过计算合作网络中各个学者的度，发现有三位作者的合作次数超过了 10 次。Ghassan Karame 的度最高，为 13。这意味着他与其他研究人员有 13 次不同的合作。其次是 David Roubaud，有 12 次合作，Elie Bouri 有 11 次合作。此外，图中重点标注了三个合作子网络，它们是整个网络中呈现最复杂和最广泛的合作网络。最大的子网络（图 3.4 子网络 1）包含了几个最高产的作者——Elie Bouri、David

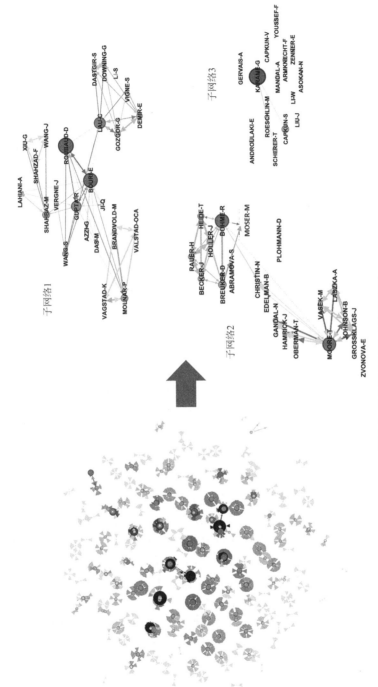

图 3.4　数字货币作者合作网络图

表 3.3　作者产出数量和引用次数

作者	产出数量/篇	引用次数/次
Elie Bouri	11	38
David Roubaud	9	0
Rainer Böhme	7	65
Michele Marchesi	7	5
Rangan Gupta	6	2
William J. Luther	6	65
Tyler Moore	5	59
Ladislav Kristoufek	4	114
Ittay Eyal	3	73
Bill Maurer	3	59
Sarah Meiklejohn	2	86
David Yermack	2	60
Fergal Reid	1	93
Reuben Grinberg	1	84
Dorit Ron	1	83

Roubaud 和 Rangan Gupta。他们自 2017 年开始合作，2018 年合作网络正式铺开。该合作者网络由不同地区的研究人员组成，包括黎巴嫩、南非、法国、挪威、中国、英国、土耳其和印度。多元化的背景为进一步拓展合作网络奠定了基础。第二大子网络（图 3.4 子网络 2）包含 Rainer Böhme 和 Tyler Moore。他们均为自身研究网络的灵魂人物，主要研究数字货币的治理和网络犯罪。两人共同的研究兴趣促成了相互之间的学术合作，在 2015 年与 Ben Edelman 和 Nicolas Christin 凝聚到一起。Ghassan Karame 是第三大子网络的中心（图 3.4 子网络 3）。他是德国 NEC 实验室的首席研究员，曾在苏黎世联邦理工学院和卡内基梅隆大学开展过研究和学习。其枢纽地位可能是源于他在世界各地丰富的个人研究经验和网络。他所连接的四个网络都是通过欧洲的 NEC 和苏黎世联邦理工学院进行合作的。其更大的合作网络在 2018 年初步形成，并倾向于连接发表论文量较大的作者。这些事实表明，研究人员已在积极地开展合作工作，加大了合作力度，该新兴领域的研究领导地位逐步形成。通常来说，合作较多的作者往往也会有较多的论文产出。尽管发表数量不能保证研究工作的质量和影响力，但它可以帮助学者将合作网络扩大到全球各地。

在产出数量方面（表 3.3），Elie Bouri 与他人合写了 11 篇论文。他来自黎巴嫩卡斯里克圣灵大学的商学院，其研究领域是比特币的金融学和经济学。David

Roubaud 在加密货币研究领域有 9 篇论文，排名第二，他来自法国蒙彼利埃高等商学院。然而，他的发表工作是与 Elie Bouri 联系在一起的，这一点从其他分析中也可以看出（图 3.4）。此外，Rainer Böhme 和 Michele Marchesi 各有 7 篇论文，Rangan Gupta 和 William J. Luther 各有 6 篇论文。来自捷克查理大学的教授 Ladislav Kristoufek 的论文被引用次数最高，达 114 次。他是第一个发现比特币价格水平与搜索词条因果关系的学者，研究表明，比特币价格与谷歌趋势（Google trend）、维基百科搜索查询量之间呈现出强相关性（Kristoufek，2013）。他的工作启发了许多其他研究人员用其他基准来探索数字货币的价格。被引用次数第二高的作者是 Fergal Reid，达 93 次，他来自爱尔兰，是这个领域最早的研究者之一。他只有一篇论文，通过探讨比特币地址集群评估了比特币系统的匿名性（Reid and Harrigan，2011）。同样，Meiklejohn 等（2013）与 Ron 和 Shamir（2013）也研究了比特币地址簇和交易图，分析了比特币系统内的交易活动。Eyal 和 Sirer（2018）打破了比特币挖矿是安全的传统观念。他们指出，比特币协议并不具有激励相容性，对于任何可行的群体来说，私自挖矿行为都是有利可图的。Yermack（2015）是最早讨论比特币货币功能的学者之一。他代表了一派认为比特币不具有基本价值的学者的观点。William J. Luther 也是一位高被引次数的作者，他研究了数字货币的经济学原理，包括比特币的转换成本、交换风险和政治评价。此外，Rainer Böhme 和 Tyler Moore 之间存在紧密合作（图 3.4），其被引次数也很高，他们的研究重点是网络犯罪和加密货币的治理。

出乎意料的是，高被引次数的作者通常不是发表数量较高的作者。一方面，高被引次数的文献代表了加密货币领域新的研究方向；另一方面，代表作者创造了具有潜在争议的观点。然而，随着研究工作的开展，高发表数量的作者展现出在合作网络中的重要地位。许多学者在公司或政府机构担任职务，从事数字货币项目的研究，研究领域和工作环境为他们提供了更多的可能性，使他们占据了合作网络的中心位置，是该领域合作的桥梁。另外值得注意的是，在统计引文时，本章采用的是主要作者法，所以在引文统计中忽略了第二和第三作者。David Roubaud、Michele Marchesi 和 Rangan Gupta 有很多合著论文，但他们总是第二或第三合著者，这有助于解释他们产出数量高但引用次数低的原因。

3.7　共被引网络

本节通过分析共被引网络，旨在确定重要参考文献在不同时间跨度上形成的主要集群。轮廓系数（silhouette coefficient）是衡量聚类同质性的指标，范围在-1～1，轮廓系数值超过 0.5 则表示聚类结果是可信的（Chen，2004）。

表 3.4 列出了该研究领域的六个主要研究聚类,图 3.5 分析了主要的共被引网络。整个网络分为 28 个不同的聚类,为了优化可视化效果让分析结果更有意义,我们对分散在图片中的小群集进行了过滤,并留下了六个主要群集。图 3.5 中每个聚类都标注了主要出现的年份。标记为"bitcoin return"的第 0 类聚类是最新的研究重点,标记为"research landscape"的第 1 类聚类是最初的研究重点。

表 3.4 高共被引参考文献聚类

聚类 ID	数量	轮廓系数	标签
0	44	0.927	bitcoin return(比特币回报)
1	34	0.876	research landscape(研究蓝图)
2	26	0.839	price fluctuation(价格波动)
3	23	0.951	blockchain technology(区块链技术)
4	22	0.809	mining pool(矿池)
5	18	0.933	regulating blockchain transaction(规范区块链交易)

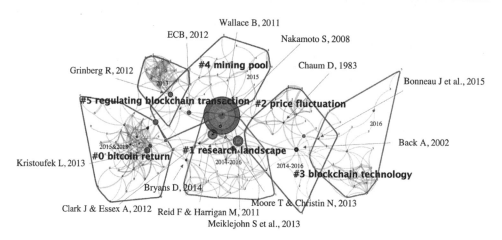

图 3.5 主要共被引网络

表 3.5 列出了前十高被引文献及轴心点。图 3.5 中最大的节点是论文 Bitcoin: a peer-to-peer electronic cash system(《比特币:一种点对点的电子现金系统》),其作者是中本聪(Satoshi Nakamoto),被称为"区块链和加密货币之父"。这是比特币的原始论文,主要阐释了比特币作为创新的支付系统,是如何利用点对点网络来解决双重支付的问题。该论文的发布象征了当代数字货币的诞生,具有不可替代的地位。

表 3.5　高被引文献及轴心点

项目	作者	论文名称	中心度	共被引频率	聚类 ID
被引用前十论文	Nakamoto（2008）	Bitcoin：a peer-to-peer electronic cash system	0.10	258	1
	Reid 和 Harrigan（2011）	An analysis of anonymity in the Bitcoin system	0.09	84	1
	Meiklejohn 等（2013）	A fistful of Bitcoins：characterizing payments among men with no names	0.13	70	1
	Böhme 等（2015）	Bitcoin：economics，technology，and governance	0.01	49	0
	Ron 和 Shamir（2013）	Quantitative analysis of the full Bitcoin transaction graph	0.05	45	1
	Kristoufek（2013）	Bitcoin meets Google trends and Wikipedia：quantifying the relationship between phenomena of the internet era	0.12	38	0
	Eyal 和 Sirer（2018）	Majority is not enough：Bitcoin mining is vulnerable	0.02	35	2
	Grinberg（2012）	Bitcoin：an innovative alternative digital currency	0.17	34	5
	Kristoufek（2015）	What are the main drivers of the Bitcoin price? Evidence from wavelet coherence analysis	0.03	34	0
	Ober 等（2013）	Structure and anonymity of the Bitcoin transaction graph	0.01	33	1
前十轴心点	Back（2002）	Hashcash-a denial of service counter-measure	0.30	22	2
	Wallace（2011）	The rise and fall of Bitcoin	0.19	10	4
	Grinberg（2012）	Bitcoin：an innovative alternative digital currency	0.17	34	5
	Europe Central Bank（2012）	Virtual Currency Scheme	0.17	32	4
	Chaum（1983）	Blind signatures for untraceable payments	0.16	7	2
	Moore 和 Christin（2013）	Beware the middleman：empirical analysis of Bitcoin-exchange risk	0.15	25	1
	Meiklejohn 等（2013）	A fistful of Bitcoins：characterizing payments among men with no names	0.13	70	1
	Bonneau（2015）	Sok：research perspectives and challenges for Bitcoin and Cryptocurrencies	0.13	6	3
	Clark 和 Essex（2012）	Commitcoin：carbon dating commitments with Bitcoin	0.13	4	1
	Kristoufek（2013）	Bitcoin meets Google trends and Wikipedia：quantifying the relationship between phenomena of the internet era	0.12	38	0

　　整体来看，在前十名被高度引用的论文中，有四篇文章对比特币地址集群进行了可视化分析，进而评估交易的匿名性、隐私权和是否有犯罪活动等（Kristoufek，2013；Ober et al.，2013；Reid and Harrigan，2011；Ron and Shamir，2013）。这些论文的出现符合早期研究者对数字货币的兴趣点（聚类 ID 1），代表着最初的数字货币研究领域重点方向。其中，Meiklejohn 等（2013）论文使用启发式方法收集了非法的比特币地址及其犯罪活动轨迹，结果表明运用比特币进行规模性犯罪活动具备一定的挑战。

　　另外，在被高度引用的论文中，三篇文章位于最大的聚类 ID 0 中。Böhme 等（2015）全面分析了比特币系统。他们描述了比特币及其生态系统，阐述了某些潜在的风险和监管方向，并提出了比特币未来的一些应用。此外，Kristoufek（2013）研究了谷歌趋势和维基百科中比特币价格与搜索查询之间的相关性。论文使用小波分解探究了比特币价格的驱动因素。研究表明，比特币的价格受到贸易使用、货币供给和价格水平、技术原因与投机动机几个基本因素的影响（Kristoufek，2015）。

　　数字货币是一个相对较新的研究主题。但值得注意的是，在前十轴心点中，有两个参考文献的发表时间已经超过 20 年，它们分别是"Hashcash-a denial of service counter-measure"（Back，2002）和"Blind signatures for untraceable payments"（Chaum，1983）。这两篇论文与加密技术和比特币存储的技术基础密切相关。即使数字货币是一个新生事物，其存在的知识和技术基础也已有数十年的历史了。当新论文在解释数字货币的工作原理时，学者通常倾向于引用这两篇文章。这也解释了所有参考文献中这两篇论文的高度中心性。

　　前五名中的另外三篇中心度较高的论文都是这个领域早期的产物，广泛地探讨了对数字货币的认识和发展潜力。Wallace（2011）阐述了比特币的诞生，以及它的运作方式，并回顾了几个影响比特币发展的重要时刻，并指出了比特币在发展初期公众的一些怀疑态度。Grinberg（2012）描述了比特币及其生态系统，并对其竞争的多种支付方式和资产进行了比较，包括互联网支付和黄金支持货币等。结合技术考虑和监管问题，Grinberg 还讨论了比特币可持续发展的问题，他对比特币充满了信心，但同时也提醒投资者需注意其潜在的风险。2012 年，欧洲中央银行（Europe Central Bank，ECB）发布了第一份官方的虚拟货币报告。报告对三种数字货币进行了讨论和分类，并给出了虚拟货币的定义，认为其是一种不受监管的数字货币，由开发者发行和控制，流通于特定的虚拟社区成员之间，并且可以实现双向流通（Europe Central Bank，2012）。报告对比了比特币和第二人生虚拟币的区别，进一步客观地评价了数字货币未来的潜力和风险，并承认了其法定地位。

3.8　研　究　趋　势

本章旨在分析整个样本时间段的研究趋势,以便为未来的研究工作提供方向。本章采用共被引参考文献的突发性分析和关键词的时间线分析来探索研究趋势。表 3.6 显示了不同时间跨度下突发性较高的参考文献,图 3.6 则以时间轴视角描述了关键词的变化。突发性意味着一篇文章在一定时间段内引用量的急剧增加(Chen,2006),其强度越高,说明文章在该研究领域引起的关注度越高。

表 3.6　高爆发性文献列表

文献	出版来源	爆发长度	起始点	结束点	2011～2019
Reid 和 Harrigan (2011)	2011 IEEE Third International Conference on Privacy, Security, Risk and Trust and 2011 IEEE Third International Conference on Social Computing	4.9281	2011 年	2014 年	
Chaum (1991)	EUROCRYPT'90:Proceedings of the Workshop on the Theory and Application of Cryptographic Techniques on Advances in Cryptology	2.8585	2011 年	2015 年	
Ober 等 (2013)	*Future Internet*	2.5379	2014 年	2016 年	
Babaioff 等(2012)	Proceedings of the 13th ACM Conference on Electronic Commerce	2.5853	2015 年	2016 年	
van Alstyne (2014)	*Communication of the ACM*	2.8224	2015 年	2016 年	
Ciaian 等(2016)	*Applied Economic*	5.2214	2017 年	2019 年	

总体来看,比特币及其网络分析是加密货币分析早期的热门话题。如表 3.6 所示,前三个突发性较高的文献都与比特币网络和交易分析有关。同时,图 3.6 中最早出现的关键词被归为"bitcoin transaction graph"。比特币、加密货币、区块链、电子货币等大部分出现频率较高的关键词都集中在这条时间线上。这与 Reid 和 Harrigan (2011)和 Chaum (1991)的集中关注度具有高度相关性,两篇文章分别讨论了比特币地址集群和加密签名技术的设计。另外,聚类#4"online transaction"也是一个主要的研究方向,该分析结果与图 3.5 中的共被引网络图产生了共鸣。在本条研究脉络上,学者很关注加密货币的嵌入技术特征及设计,倾向于使用比特币或其他加密货币地址的公共数据来进行聚类、跟踪和网络分析交易者与参与者的行为活动。图谱分析有可能是技术领域研究共识协议和技术设计与社会领域研究犯罪学和社会影响话题的桥梁。不过,该课题的高峰期止于 2017 年。

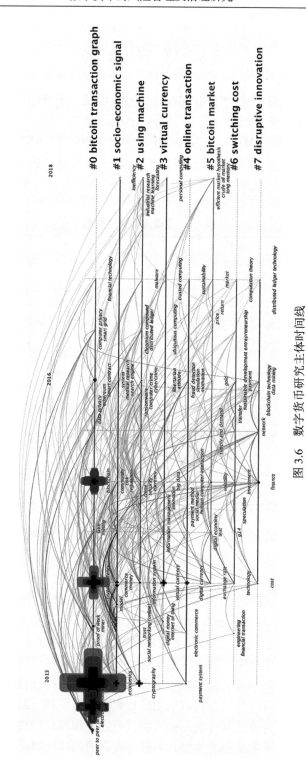

图 3.6　数字货币研究主体时间线

图中英文翻译：#0 比特币交易网络；#1 社会经济信号；#2 使用机器学习；#3 虚拟货币；#4 在线交易；#5 比特币市场；#6 转移成本；#7 颠覆性创新

从分析可知,比特币交易网络分析是研究早期阶段的热门话题。此外,所有的研究课题都是从 2013 年和 2014 年开始的,但只有四条研究脉络在 2018 年仍然有延续的趋势。从所有的时间线中,我们可以看到 "socio-economic signal" "using machine" "virtual currency" "bitcoin market" 几个话题从早期一直延续至该研究开展时期。其中,最近的研究领域是 "bitcoin market"。对数字货币市场的研究并不是全新的领域,但是它具有强大的生命力和可持续性。近期,预测、市场效率、机器学习等关键词频频出现,这揭示了数字货币的前沿研究方向之一。早期,关于数字货币的市场分析主要集中回答了关于比特币价值、避险功能等 "是或不是" 的问题(Sapuric and Kokkinaki,2014;van Alstyne,2014;Yermack,2015)。随后,一些学者开始研究数字货币的价值形成原因、价格驱动因素以及与其他金融资产的相关性(Bouri et al.,2017c;Ciaian et al.,2016;Dyhrberg,2016;Kristoufek,2015)。新的关键词表明,采用经济、金融模型,以及结合当代计算机学科的方法,预测市场价格、探索市场行为、研究交易特征是当下研究的前沿(Bouri et al.,2019;Snihovyi et al.,2018)。例如,Phillips 和 Gorse(2017)利用社交媒体数据来预测加密货币的价格,研究表明数字货币市场存在较高的价格泡沫。Stosic 等(2018)分析了不同加密货币价格变化之间的相关性,他们发现加密货币市场存在异于一般金融市场的特性,如集体行为。整体来看,"数字货币市场" 的研究热潮可能是由 2017 年底到 2018 年初数字货币市场价格的走高所引起的。数字货币市场打破了很多我们对股市的一般理解,不断地刷新着人们对货币的定义及理解。由于该领域的研究仍处于起步阶段,在数字货币背后仍存在许多有趣和未知的现象等待着研究人员的进一步探索。

3.9 本 章 小 结

本章基于 2008 年 1 月至 2018 年 6 月从 Web of Science 核心合集数据库和 Scopus 数据库检索到的 833 篇文献,对数字货币研究进行了文献计量学回顾分析。本章试图识别该研究领域中具有重大影响力的国家、期刊、作者和文献,并对数字货币研究的合作网络及其演变趋势进行可视化分析。

第一,描述性分析表明,数字货币是一个处于早期阶段的成长型研究领域。该研究领域始于 2011 年,出版物的数量目前仍以指数级速度增长。此外,数字货币是一个受到不同期刊和多学科会议重点关注的领域。*Lecture Notes in Computer Science* 和 *Finance Research Letter* 分别是发表文献数量最多的会议和学术期刊。

第二,国家和作者网络描绘了不同参与者之间的合作。美国被认为是目前在该领域最具影响力的国家,其次是英国。一般来说,北美和欧洲在研究方向上起着主导作用,而亚洲国家,如中国、印度、韩国和新加坡,也对该领域表现出浓厚的兴趣。爱尔兰是最早开始数字货币研究的国家，Reid 和 Harrigan 在 2011 年分析了比特币地址群。在该领域有较大影响的国家，往往有更多与"比特币网络"分析相关的研究成果。

第三，确定了在该领域具有潜在影响力的作者。Elie Bouri 是产出论文最多的学者，而 Ladislav Kristoufek 是被引用次数最多的学者。他们两人主要关注数字货币的经济学和金融学，分别来自黎巴嫩和捷克。然而，研究也表明，高产并不一定会增加论文的重要性，但可以改善合作网络，高产作者往往是合作网络的中心。从 2017 年和 2018 年学者之间开始产生更多的合作，但目前大多数合作以小圈子为主，因此提高不同学科和地区之间的科研合作是十分必要的。

第四，共被引网络和聚类分析发现了一些在该领域重要的基础文献。Nakamoto（2008）、Reid 和 Harrigan（2011）、Meiklejohn 等（2013）的文献是被引次数最高的三大参考文献。Back（2002）、Wallace（2011）、Grinberg（2012）和 European Central Bank（2012）的文献是数字货币研究领域的点。这些文献基础都是早期的研究成果，在帮助理解加密货币系统的技术、历史发展和应用构成方面具有较大贡献。他们中的一些学者是最早一批研究者，提供了许多关于比特币和加密货币的基础认识，也为未来的研究带来了启发，开创了数字货币的新研究方向。

第五，本章对研究趋势的演变进行了分析，并总结了未来的研究前沿方向。在早期，分析比特币图谱和交易网络一直是最热门的话题，该方向衔接了科技学科与社会学科中关于数字货币的研究。数字货币市场分析是一个可持续发展的课题，现在仍然具有吸引力。结合经济模型和新兴算法，学者倾向于针对数字货币的市场、行为和交易特点做更全面、更科学的分析。研究同时指出，在组织层面，数字货币研究仍有很多机会，可以将商业竞争和组织管理结合起来。

本章是对这一新兴领域的理论基础、合作网络和主题演进的探索研究，为当前加密货币领域提供了多学科知识。本章的成果可以帮助研究者初步了解该领域的研究主题，提取重要文献，为未来的科研合作构建方向，并获得未来研究方向的启发。

但本章文献计量分析仍存在一些局限性。首先，所选的数据样本未包含研究范围内的所有文章。由于数字货币是一个新兴的领域，许多文献都是在其他来源发表的，如在线开源空间及非同行评议的杂志等。尽管如此，从 Web of Science 和 Scopus 两个最大的数据库中选取的文献仍代表这个领域的权威论文。其次，可视化可能会受到分析工具的算法和介绍的影响。在其他可视化软件中，分析结果的具体数据可能略有不同，但主要结果将保持一致。最后，本章研究完成于 2018 年，数字货币研究瞬息万变，到目前为止，其发表文献数量必然有大幅增加，内容也将有对应更新。随着时间的推移，重要的基础文献可能会增加，也会出现更多新的研究方向，包括近几年讨论较为激烈的央行数字货币等。

附　录

附表 1

序号	图中英文	中文对应名称
1	ARGENTINA	阿根廷
2	AUSTRALIA	澳大利亚
3	AUSTRIA	奥地利
4	BELGIUM	比利时
5	BRAZIL	巴西
6	BULGARIA	保加利亚
7	CANADA	加拿大
8	CHILE	智利
9	CHINA	中国
10	CROATIA	克罗地亚
11	CYPRUS	塞浦路斯
12	CZECH-REPUBLIC	捷克
13	DENMARK	丹麦
14	ESTONIA	爱沙尼亚
15	FINLAND	芬兰
16	FRANCE	法国
17	GERMANY	德国
18	GREECE	希腊
19	HUNGARY	匈牙利
20	ICELAND	冰岛
21	INDIA	印度
22	IRAN	伊朗
23	IRELAND	爱尔兰
24	ISRAEL	以色列
25	ITALY	意大利
26	JAMAICA	牙买加
27	JAPAN	日本
28	KYRGYZSTAN	吉尔吉斯斯坦
29	LEBANON	黎巴嫩

续表

序号	图中英文	中文对应名称
30	LITHUANIA	立陶宛
31	LUXEMBOURG	卢森堡
32	MALAYSIA	马来西亚
33	MOLDOVA	摩尔多瓦
34	MOROCCO	摩洛哥
35	NETHERLANDS	荷兰
36	NIGERIA	尼日利亚
37	NORWAY	挪威
38	OMAN	阿曼
39	PERU	秘鲁
40	POLAND	波兰
41	PORTUGAL	葡萄牙
42	ROMANIA	罗马尼亚
43	RUSSIAN-FEDERATION	俄罗斯联邦
44	SAUDI-ARABIA	沙特阿拉伯
45	SERBIA	塞尔维亚
46	SINGAPORE	新加坡
47	SLOVAKIA	斯洛伐克
48	SOUTH-AFRICA	南非
49	KOREA	韩国
50	SPAIN	西班牙
51	SWEDEN	瑞典
52	SWITZERLAND	瑞士
53	TUNISIA	突尼斯
54	TURKEY	土耳其
55	UKRAINE	乌克兰
56	UNITED-ARAB-EMIRATES	阿拉伯联合酋长国
57	UNITED-KINGDOM	英国
58	UNITED-STATES	美国
59	VIET-NAM	越南

第三篇　金融市场视角

第4章 数字货币市场之间的风险传染路径研究

数字货币市场是在私人货币、分布式技术货币等逐渐发展起来后形成的新兴投资交易市场。由于数字货币的底层设计机制区别于传统一般的主权货币，通常利用加密技术作为底层支持，结合货币属性，形成或可交易的，或具有物权属性，或具有支付属性的数字货币。数字货币市场发展迅速，各种数字货币之间存在着微妙且不断变化的关系，深入探究数字货币市场之间的风险传染路径对刻画整个数字货币市场风险并对其进行管理具有重大意义。本章聚焦于六种主流的数字货币，旨在探究几种不同数字货币的相关关系和风险传染路径。

4.1 研 究 方 法

4.1.1 GARCH 模型

现有的大量研究表明，金融资产的收益率序列存在波动聚集效应，即在该资产价格波动增加时，在该时间段内会出现较大的集中波动。这意味着一般模型假设中的残差同分布不成立，存在残差异方差效应。对于异方差的特征，广义自回归条件异方差（generalized autoregressive conditional heteroskedasticity，GARCH）模型可以为时间序列在该特征下提供更好的描述。

对于一个对数收益率序列 r_t，令 $a_t = r_t - \mu_t$ 为新序列，该序列满足 GARCH（p, q）过程，其结构如下：

$$h_{ii,t} = \omega_i + \sum_{p=1}^{p_i} \alpha_{ip} a_{i,t-p}^2 + \sum_{q=1}^{q_i} \beta_{iq} h_{ij,t-q} \tag{4.1}$$

其中，$h_{ii,t}$ 为条件方差；ω_i 为常数项；$\sum_{p=1}^{p_i} \alpha_{ip}$ 和 $\sum_{q=1}^{q_i} \beta_{iq}$ 为 ARCH 项和 GARCH 项。

4.1.2 DCC-GARCH 模型

Engle（2002）提出了动态条件相关系数——DCC-GARCH 模型，该模型假定变量间的相关系数是随时间变化而变化的，每一期的相关系数都依赖于前期所能得到的所有信息，该模型可以很好地刻画变量间的联动性，时变的动态条件相关系数还可以反映出整个市场的发展依赖程度。该方法广泛用于刻画风险水平，特别是多标的或多资产的系统性风险（汪洁琼，2019；王韧等，2020）。

DCC-GARCH 模型可以通过两步完成。第一步，对每个单变量的 GARCH 模型结果进行估计，然后利用其产生的条件方差 h_{it} 除以 r_{it}，进而得到标准化的残差 ε_i。第二步，标准化后的残差 ε_i，利用极大似然法对其动态相关结构的参数进行估计。通过上述两个步骤得到的动态条件相关（dynamic conditional correlation，DCC）系数估计量具有一致性和渐近正态性。

$$r_t = \mu_t + a_t, \quad a_t \sim N(0, H_t) \tag{4.2}$$

$$a_t = \sqrt{H_t} z_t \tag{4.3}$$

$$H_t = D_t R_t D_t \tag{4.4}$$

$$\varepsilon_t = D_t^{-1} r_t \tag{4.5}$$

a_t 为均值修正收益率向量；r_t 为资产的对数收益率矩阵；H_t 为协方差矩阵，其中，

$$D_t = \text{diag}\sqrt{h_{ii,t}} \tag{4.6}$$

$$H_t = \rho_{ij}\left(\sqrt{h_{ii,t} h_{jj,t}}\right) \tag{4.7}$$

分别代表单变量 GARCH（1，1）过程的条件方差和条件标准差矩阵，$h_{ii,t}$ 为 GARCH 模型的条件方差；ρ_{ij} 为变量 i 和变量 j 在时刻 t 的动态相关系数。

$$R_t = Q_t^{*-1} Q_t Q_t^{*-1} \tag{4.8}$$

$$Q_t = (1 - a - b)\overline{Q} + a\varepsilon_{t-1}\varepsilon_{t-1}^T + bQ_{t-1} \tag{4.9}$$

其中，R_t 为动态条件相关系数矩阵；$\overline{Q}$ 为标准化残差的无条件方差；ε 为变量 i 的标准化残差序列；ε^T 为变量 j 的标准化残差序列；a 为滞后一期的标准化残差的系数，其所反映的是前一期扰动项对当期值的影响大小；b 为滞后一期的条件协方差的系数，其表示前一期动态相关系数对当期动态相关系数的影响大小。当 $a + b < 1$ 时，说明模型结果效力较高，波动性持续较长；Q_t^* 为对角矩阵 Q_t 的平方根矩阵：

$$Q_t^* = \text{diag}\left(\sqrt{q_{ii,t}}\right) \tag{4.10}$$

4.2 变量选取

本章选取了六种数字货币作为研究对象，该六种数字货币所属类型不同，且具有较高的代表性，截至 2021 年 3 月，这六种数字货币市值排名见表 4.1。

表 4.1　变量选取及描述

变量选取	简称	市值排名	描述
比特币	BTC	1	当代数字货币的鼻祖，点对点的分布式支付系统
以太币	ETH	2	以太坊生态系统的原生代币，可用于交易、支付、参与以太坊内系统活动等
瑞波币	XPR	4	瑞波币是一个支付型的代币，是瑞波系统中的桥梁币
莱特币	LTC	8	莱特币是在比特币基础之上进行改进的一种支付型数字货币
币安币	BNB	7	币安币是币安交易所的代币，主要用于手续费抵扣和交易
柚子币	EOS	13	柚子币是 EOS 区块链平台的原生代币。EOS 区块链的初心是建立另一个分布式应用的公共平台

注：市值排名时间截至 2021 年 3 月底；EOS 表示 enterprise operation system，商用分布式应用设计的一款区块链操作系统

比特币为当代数字货币的鼻祖，其市值一直排在整个市场的第一位。以太币是 2015 年由 Vitalik Burterin 创造的，是以太坊的原生代币，目前市值排名第二。以太坊为当下很多新生代币及应用提供了底层支持平台，可以被看作一台虚拟机。在基于以太坊环境进行开发时，开发者需要利用以太币实现交易、转移等功能。以太币的生态圈一直保持着较高的活跃性，且对智能合约的发展具有重要意义。瑞波币是瑞波（Ripple）系统内的流动性工具，且是最早形式趋向于私人而非公共区块链的数字货币。通过瑞波币，在瑞波系统内可以实现不同货币或者数字货币的自由转化和交易。瑞波币是一种支付型的代币，是瑞波系统中的桥梁币。莱特币是在比特币基础之上改进的一种数字货币，它的诞生受到了比特币的启发，但在交易速度、交易确认还有数字货币生产方面进行了优化和升级，曾经是市值第二的数字货币。币安币是币安交易所的代币，在该交易所中进行数字货币交易，可以选择币安币进行手续费抵扣，同时币安币也是在市场中流通可交易的数字货币，截止到所选日期，市值排名第 7。币安币是目前发展态势最好，且最有代表性的平台币。柚子币是 EOS 区块链平台的代币。该平台是商用分布式应用设计的一款区块链操作系统。在发布初期，名声大噪，其创始人是 Daniel Lamier，在区块链领域享有很高声誉。

比特币、以太币、瑞波币、莱特币的价格数据选取时间从 2015 年 9 月 1 日开始到 2020 年 10 月 31 日，共计 1887 个数据。币安币和柚子币在 2017 年才初有雏形，发行较晚，因此数据的选取时间为 2017 年 7 月 26 日到 2020 年 10 月 31 日，共计 1194 个数据。本章对所有数字货币价格数据取对数收益率进行分析，以保证数据的平稳性。所有数据来源于 https://coinmarketcap.com。

4.3　变量的描述性统计

六种所选数字货币的对数收益率如图 4.1 所示，我们可以看到它们收益率表

现出时变性和集簇性，但同时存在极端收益。其中，如表 4.2 所示，币安币的平均收益率最高，这也从侧面象征着币安交易所近年发展的迅猛态势获得了投资者的认可，币安交易所拥有多种类的币种，并且交易费用低廉，因此迅速成长为全球交易量第一的平台。反之，柚子币的收益率最低，这也在一定程度上反映了 EOS 平台"高开低走"的收益率与现实之间的差距。其平台在初期承载了众人的期望，被称为区块链 3.0。平台近些年的发展及应用并未达到市场预期，因此其平台代币价格也未能够实现高投资回报率。在所有数字货币中，只有比特币偏度为负，说明比特币更有可能受到极端负向的冲击。但与此同时，比特币的标准差最小，是所有数字货币中相对收益率波动最小的币种。这可能是因为比特币价值较高，而其他数字货币价格较低，对绝对值的增加和减少更加敏感。相比之下，瑞波币的偏度向右偏移最多，说明投资者从瑞波币上获得超过平均收益率的概率更高。所有数字货币的峰度都远远大于正态分布数值，说明数字货币的收益率具有"尖峰厚尾"的特征。

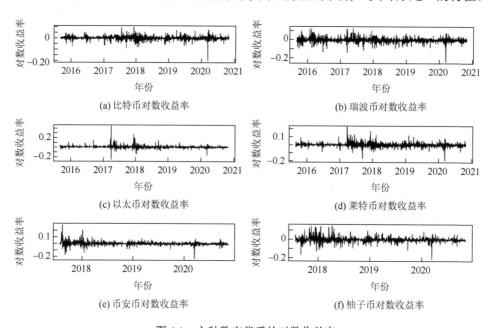

图 4.1 六种数字货币的对数收益率

表 4.2 六种数字货币的统计性描述

名称	数量	平均值	标准差	偏度	峰度	ADF 检验
比特币	1887	0.0009	0.0170	-0.9201	14.2307	-12.55***
以太币	1887	0.0013	0.0262	0.1862	7.3094	-11.96***
瑞波币	1887	0.0008	0.0285	2.9581	46.5164	-11.28***
莱特币	1887	0.0007	0.0237	0.7736	13.2552	-12.64***

名称	数量	平均值	标准差	偏度	峰度	ADF 检验
币安币	1194	0.0020	0.0317	0.9542	15.1331	-8.30***
柚了币	1194	0.0002	0.0296	0.0695	7.2829	-9.61***

***表示 1%显著性水平

4.4 格兰杰因果关系

本章对六种数字货币进行了格兰杰因果检验（表 4.3），以探究它们之间的联动性。根据它们之间呈现出的格兰杰因果关系，本章构建了六种数字货币格兰杰因果关系网络图（图 4.2），直观地展示数字货币之间收益率变化的先后关系。节点的大小根据数字货币的市值而定，有指向性的箭头代表了不同数字货币之间的格兰杰因果关系。

表 4.3 六种数字货币的格兰杰因果检验

数字货币	卡方检验	自由度	p 值	数字货币	卡方检验	自由度	p 值
比特币是 X 的格兰杰原因				以太币是 X 的格兰杰原因			
以太币	1.9598	2	0.1412	比特币	3.6488	2	0.0262*
瑞波币	1.7864	2	0.1678	瑞波币	0.7241	2	0.4801
莱特币	1.6955	2	0.1838	莱特币	2.1138	2	0.1211
币安币	5.5426	2	0.0040**	币安币	14.0930	2	0.0000***
柚子币	0.3644	2	0.6933	柚子币	1.3832	2	0.2512
瑞波币是 X 的格兰杰原因				莱特币是 X 的格兰杰原因			
比特币	5.6616	2	0.0035***	比特币	0.5801	2	0.5599
以太币	1.9899	2	0.1370	以太币	0.4287	2	0.6514
莱特币	0.0308	2	0.9697	瑞波币	1.8045	2	0.1648
币安币	12.5470	2	0.0000***	币安币	14.6390	2	0.0000***
柚子币	1.3097	2	0.2703	柚子币	1.8829	2	0.1526
币安币是 X 的格兰杰原因				柚子币是 X 的格兰杰原因			
比特币	0.0801	2	0.9231	比特币	3.0384	2	0.0428*
以太币	0.0231	2	0.9772	以太币	0.9965	2	0.3695
瑞波币	0.6169	2	0.5398	瑞波币	3.1513	2	0.0432*
莱特币	0.5131	2	0.5988	莱特币	3.7975	2	0.0227*
柚子币	1.1088	2	0.3303	币安币	8.0551	2	0.0003***

*表示 10%显著性水平，**表示 5%显著性水平，***表示 1%显著性水平

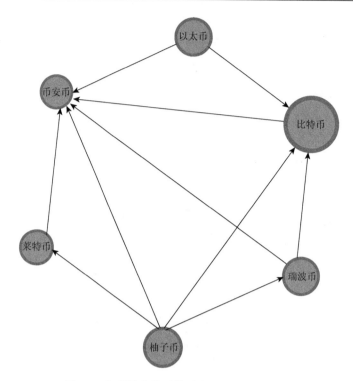

图4.2　六种数字货币格兰杰因果关系网络图

如表4.3所示，柚子币是比特币、瑞波币、莱特币和币安币的格兰杰原因；瑞波币是比特币和币安币的格兰杰原因；以太币是比特币和币安币的格兰杰原因；币安币接受所有其他数字货币的格兰杰原因。总体来看，较小市值的币种在收益率方面首先受到冲击进行变化，进而影响较大市值的币种。其可能的原因为，一些数字货币由于缺乏流动性造成了市场的无效性，并且小市值的币种可能更容易受到市场的操控（Brauneis and Mestel，2019；Gandal et al.，2018）。其中，币安币受到其他五种数字货币的影响，这可能是因为币安币近些年发展态势较好，流动性较高，并且币安交易所一直在合理地管理该数字货币，使其成为近年来市场的宠儿。

4.5　静态相关系数

本章利用Kendall（1948）相关系数，对六种数字货币进行了相关性分析。从图4.3可以看出，各个数字货币之间呈现出显著的正相关，相关系数从0.37到0.58。其中，以太币和柚子币之间呈现出最高相关性，系数达到0.58；比特币与瑞波币呈现出的正相关系数最小，为0.37。大币种之间（比特币、以太币和瑞波币）呈现出相对较弱的正相关。这可能是因为大市值的数字货币在自身的发展和建设中，有自己对应的影响因素，如技术突破、合作进展、底层应用发展等，因此不容易受到其他小市值数字货币的风险干扰。这一结论也与 4.4 节中格兰杰因果检验的结果保持一致。但整体数字货币市场，呈现出以比特币为主导的行情，即使各个数字货币自身有一定影响力也很难脱离比特币的综合影响。

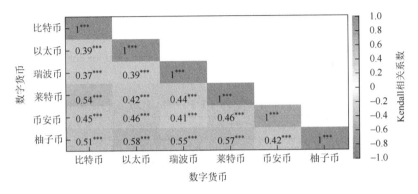

图 4.3　六种数字货币 Kendall 相关系数

***表示 1%显著性水平

4.6　GARCH 模型

在进行 GARCH 建模之前，需要考虑变量是否具有 ARCH 效应。本章采用拉格朗日检验法（LM-Test）和杨-博克斯法（Ljung-Box）对时间序列进行检验。在两种方法中，原假设 H_0 为该时间序列没有 ARCH 效应，备择假设 H_1 为该时间序列存在 ARCH 效应。当 $p<0.01$ 时，拒绝原假设。如表 4.4 所示，本章选择的六个变量均具有 ARCH 效应，可以进行下一步建模工作。

经过反复调试，运用 ARMA（1，1）-GARCH（1，1）对比特币、以太币和瑞波币建模；运用 GARCH（1，1）对莱特币、币安币和柚子币进行建模。ARCH 项越高意味着前期因素对当期市场波动的影响越大，GARCH 项越大意味着残差异方差效应越明显，也就是波动的持续性较长，$\alpha+\beta$ 越趋近于 1，波动的持续性越高。如表 4.5 所示，六种数字货币 GARCH 模型结果显著，其中各个变量的 $\alpha+\beta$ 小于 1 且非常趋近于 1，这说明模型具有意义，并且数字货币市场的波动效应将延续。数字货币的 GARCH 项结果明显高于 ARCH 项结果，也就是说外界的信息虽然会影响市场，但是数字货币市场的风险很大部分可能源于某一因素的持续影响，如某国出台对数字货币不利的政策，该政策可能在一段时间内持续影响数字货币市场。

表 4.4 六种数字货币的 ARCH 检验

数字货币	LM 检验	Ljung-Box 检验
比特币	54.26***	40.58***
以太币	108.10***	13.68***
瑞波币	199.47***	241.24***
莱特币	90.59***	75.88***
币安币	196.85***	296.64***
柚子币	48.99***	31.87***

***表示 1%显著性水平

表 4.5 六种数字货币的 ARMA（1,1）-GARCH（1,1）模型结果

项目	比特币	以太币	瑞波币	莱特币	币安币	柚子币
ar（1）	−0.888 939***	0.919 633***	−0.706 601**	—	—	—
ma（1）	0.865 245***	−0.899 111***	0.720 357**	—	—	—
常数-ω	0.000 013***	0.000 050***	0.000 056***	0.000 026***	0.000 023***	0.000 010***
ARCH 项-α	0.192 469***	0.176 821***	0.279 331***	0.071 745***	0.174 783***	0.042 593***
GARCH 项-β	0.794 495***	0.763 775***	0.673 552***	0.882 820***	0.817 008***	0.946 107***
$\alpha+\beta$	0.986 964	0.940 596	0.952 883	0.954 565	0.991 791	0.988 700
R^2Ljung-Box 检验（4）	2.209 5 (0.878 6)	4.609 3 (0.488 9)	0.743 2 (0.994 5)	0.676 1 (0.995 9)	5.445 1 (0.367 0)	2.885 4 (0.777 7)

表示 5%显著性水平，*表示 1%显著性水平

4.7 DCC-GARCH 结果

根据第一步 GARCH 模型的结果，进一步建立 DCC-GARCH 模型，进而可以得到各个数字货币收益率之间的动态条件相关系数。如表 4.6 所示，数字货币之间存在高度相关性。DCC-GARCH 的结果参数显著异于零，说明滞后一期的标准化残差对数字货币的收益率有显著影响。

表 4.6 六种数字货币的 DCC-GARCH（1,1）模型估计结果（与比特币）

名称	以太币	瑞波币	莱特币	币安币	柚子币
DCC-α	0.085 411***	0.066 288**	0.049 223***	0.038 925**	0.042 147***
DCC-β	0.906 283***	0.920 261**	0.945 143***	0.951 969***	0.950 454***
$\alpha+\beta$	0.991 694	0.986 549	0.994 366	0.990 894	0.992 601

***表示 1%显著性水平，**表示 5%显著性水平

$\alpha_{ETH}>\alpha_{XPR}>\alpha_{LTC}>\alpha_{EOS}>\alpha_{BNB}$，说明对于这几种数字货币来说，以太币对比特币的市场信息最为敏感，币安币相对来说最为迟缓。

$\beta_{BNB}>\beta_{EOS}>\beta_{LTC}>\beta_{XPR}>\beta_{ETH}$，虽然币安币对于比特币信息敏感度不高，但其对比特币市场波动性的记忆性最强。几种数字货币的敏感程度与记忆程度刚好顺序相反。

$(\alpha+\beta)_{LTC}>(\alpha+\beta)_{EOS}>(\alpha+\beta)_{ETH}>(\alpha+\beta)_{BNB}>(\alpha+\beta)_{XPR}$，虽然五种数字货币的结果大小有微弱差异，但 $\alpha+\beta$ 整体都趋近于 1，这说明各种数字货币之间的相关性具有持续性。

从图 4.4 可以看出，各个数字货币之间具有较高的动态相关性。在 2018 年之前，以太币、瑞波币、莱特币都曾与比特币之间呈现出负相关性，有相对独立的走势。但是在 2018 年之后，各个数字货币之间的相关性一直处在高位。这是因为比特币开始主导市场，各个数字货币与比特币之间呈现出极高的相关性，该结论与 Yi 等（2018）的研究保持了一致性。

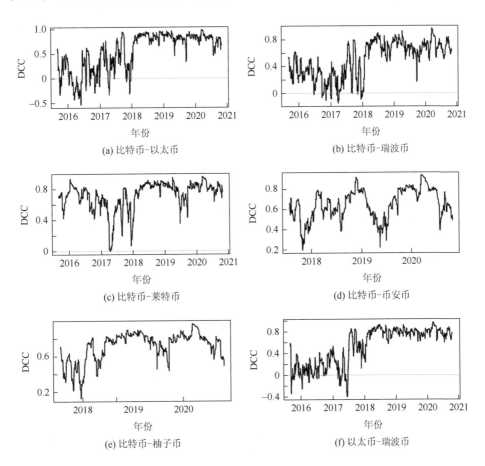

(a) 比特币-以太币　　　　　　　　　　(b) 比特币-瑞波币

(c) 比特币-莱特币　　　　　　　　　　(d) 比特币-币安币

(e) 比特币-柚子币　　　　　　　　　　(f) 以太币-瑞波币

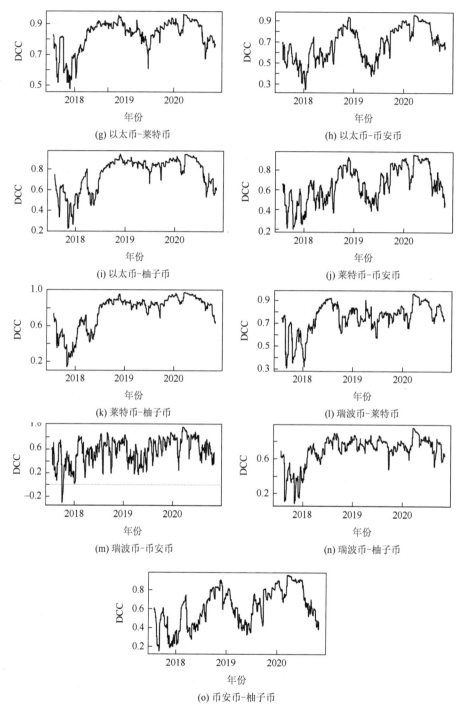

(g) 以太币-莱特币　　　　　　　　(h) 以太币-币安币

(i) 以太币-柚子币　　　　　　　　(j) 莱特币-币安币

(k) 莱特币-柚子币　　　　　　　　(l) 瑞波币-莱特币

(m) 瑞波币-币安币　　　　　　　　(n) 瑞波币-柚子币

(o) 币安币-柚子币

图 4.4　六种数字货币两两动态相关关系图

在六种数字货币的动态相关性之中，我们可以发现币安币与其他数字货币之间的动态相关性相对较弱。相比于其他数字货币，币安币是应用层面的数字货币，为币安交易所的平台代币，币安交易所的发展非常积极，逐渐变成全球最大的交易所之一，该数字货币逐渐从以投机为主的价值观和以比特币为主导的市场动向，转向于依托于交易所以自身发展为主。但是，其一，在数字货币市场整体震荡的时候，币安币仍旧无法与比特币的主导作用脱离；其二，在数字货币整体趋于平稳的非活跃时期，由于交易数量较低，整体市场依旧追随比特币。这些是因为比特币与其他数字货币呈现出较高相关性，币安币在 2018 年底市场活跃度极低的情况下以及 2020 年初期新冠疫情冲击下与比特币呈现出高相关性，而其他时间段动态相关性较低。

同时，研究表明以太币、瑞波币以及莱特币与比特币之间的相关性在早期呈现出负相关，并且与以太币的最小相关系数达到了 –0.5485（表 4.7），但随着发展，它们逐渐与比特币呈现出较高的相关性，并稳定地保持在高位。这意味着它们的风险水平主要会随着比特币的变化而发生变化。所以从数字货币市场的资产分散角度考虑，这三种数字货币虽然曾经可以规避比特币的风险，但目前可能并不是分散比特币市场风险的优质投资选择。

表 4.7　DCC-GARCH（1, 1）模型动态相关系数统计表（与比特币）

项目	以太币	瑞波币	莱特币	币安币	柚子币
均值	0.7707	0.7521	0.8605	0.8273	0.8553
中位数	0.9891	0.9822	0.9819	0.9730	0.9808
标准差	0.3511	0.3102	0.1883	0.2028	0.1828
最大值	1.0000	1.0000	1.0000	1.0000	1.0000
最小值	–0.5485	–0.1536	–0.0023	0.1997	0.1316

除此以外，由于数字货币的市场逐渐分化，以比特币为主导的大市值币种走势趋向于一致。另外还有很多小市值的币种的前期市场泡沫破裂，逐渐走向被市场淘汰之路。数字货币的主导地位始终都在比特币身上，人们对大市值的币种产生更多认可，虽然本章所选几种大币种各有优劣，但投资者和使用者的选择趋向于优先使用具有稀缺性、应用性和发展力的数字货币。这意味着，数字货币市场正在逐渐走向成熟，并且比特币领头羊的地位可能难以被撼动，就像黄金之于其他贵金属一样的地位和作用。

4.8　本章小结

本章主要选择了六种市值靠前、历史发展具有一定意义或者比较有人气的数字货币作为代表，探究了数字货币市场之间的静态和动态的关联性。静态上，研究采用 Kendall 相关系数法和格兰杰因果检验，对数字货币风险的因果关系进行可视化分析，描绘了六种数字货币之间的相互关系。动态上，本章利用 DCC-GARCH 的方法，刻画了几种数字货币时间序列波动的动态相关性。无论是静态还是动态的研究结果都证实，数字货币市场主要由大市值币种主导，特别是比特币，多种数字货币与比特币之间呈现出高度的相关性，并且整体趋势保持在高度相关的区间，整个数字货币市场之间存在着高度的关联性。

第5章　数字货币与传统金融市场的风险传染路径研究

随着数字货币市场的发展，很多研究发现数字货币市场与传统金融市场之间形成了特殊的关系，如避险属性、商品属性等（Bouri et al.，2017c；Dyhrberg，2016；Selmi et al.，2018；Shahzad et al.，2019；Smales，2019；Urquhart and Zhang，2019）。2020 年暴发的新冠疫情是世界级的重大事件，传统金融市场和数字货币市场的许多特征随着新冠疫情的冲击发生了一定变化。本章选取新冠疫情时间前后数字货币与传统金融市场之间的风险传染作为研究主题，探究了在疫情冲击前后数字货币与金融市场之间风险水平的变化和传染路径的变化。这有助于我们进一步对比数字货币在日常时刻与危机时期的风险水平变化，更好地应对突如其来的事件风险冲击，有益于我国治理数字货币的市场风险。

5.1　研　究　方　法

5.1.1　有向无环图

有向无环图是由 Spirtes 等（2000）提出的一种跨学科方法，它结合了计算机科学和人工智能理论，近年来也被用于金融市场的分析。有向无环图是一种数据驱动的方法，通过无条件相关系数和偏相关系数来确定一组变量的同期因果关系。由广义向量自回归的结果可以得到不同变量的残差协方差矩阵或残差相关系数矩阵。其结果采用图形结构来显示所选变量的依存关系和方向性关系。

变量之间有四种不同的关系：①无连接（X、Y），这说明 X 和 Y 之间没有同期因果关系；②无指向连接（X-Y），表示 X 和 Y 之间存在同期因果关系，但是因果关系方向不明；③单方向连接（$X{\rightarrow}Y$），存在 X 单向影响 Y 的同期因果关系；④双指向连接（$X{\leftrightarrow}Y$）表示 X 和 Y 互为因果关系。

整个过程涉及两个步骤：第一步，去边。如果在预设的显著性水平下，两个变量之间的无条件相关性为 0，则删除两个变量之间的连接，为无连接状态。然后，检查其余变量的一阶偏相关系数，看其是否与零有显著差异。如果与零没有显著差异，则去除该边。对于 N 个变量，这个过程将重复进行，直到检查到 N–2 阶偏相关。

第二步，定向。被删除连接的条件变量被定义为其边已被删除的对偶变量的独立集合。被无条件相关系数移除的连接有一个空的独立集合，其他剩余的边可以由独立集来确定方向（Bessler and Yang，2003）。例如，三个变量 X、Y、Z，当 X 与 Y 相邻，Y 与 Z 相邻，X 与 Z 不相邻时，即 X-Y-Z。如果已知 Y 不属于 X 和 Z 的独立集合，则三个变量之间的同期因果关系为 $X \rightarrow Y \leftarrow Z$。如果已知 $X \rightarrow Y$，Y 与 Z 相邻，X 与 Z 相邻，Y 与 Z 之间的定向边不指向 Y，则可以推断 Y 与 Z 有同期因果关系，描绘为 $Y \rightarrow Z$。

本章主要采用 Fisher's Z 统计量来检验条件相关系数是否与零有显著差异，其公式如下：

$$z\left[(i,j|k),n\right] = \left[\frac{1}{2}\sqrt{(n-|k|-3)}\right] \times \ln\frac{1+\rho(i,j|k)}{1-\rho(i,j|k)} \tag{5.1}$$

其中，n 为用于估计相关性变量的数量；$\rho(i,j|k)$ 为以 k 个变量为条件，变量 i 和 j 的偏相关系数；$|k|$ 为条件变量的数量。如果 i、j 和 k 是标准正态分布的，$r(i,j|k)$ 是选取变量的条件相关系数，那么 $z[\rho(i,j|k)n] - z[r(i,j|k)n]$ 也是正态分布的（Bessler and Yang，2003）。本书运用软件 Tetrad VI 中的 PC 算法，对整个有向无环图的过程进行演算。

5.1.2　广义向量自回归

本章的传染效应采用广义向量自回归的方法进行衡量和计算，该方法最早由 Diebold 和 Yilmaz（2012）提出并应用于风险传染领域。基于这种方法，本章结合静态溢出效应和动态溢出效应，分析了比特币与其他金融资产在疫情前后，以及整个数据样本区间的风险传染的演变过程。这种方法可以提供具有方向性的风险溢出和风险传染结果，并且解决了在向量自回归（vector autoregressive，VAR）过程方差分解中 Cholesky 因式分解的顺序依赖性问题（Diebold and Yilmaz，2012，2009）。

VAR（p）的移动平均过程由下式表示：

$$y_t = \sum_{i=0}^{\infty} A_i \varepsilon_{t-i} \tag{5.2}$$

其中，A_i 为递归模式的 $N \times N$ 系数矩阵；ε 为干扰项。

该模型通过 $\theta_{ij}^g(H)$ 计算 H 步预测误差方差分解，对于 $H=1,2,\cdots,n$，存在

$$\theta_{i \leftarrow j}^g(H) = \frac{\sigma_{jj}^{-1}\sum_{h=0}^{H-1}(e_i A_h \sum e_j)^2}{\sum_{h=0}^{H-1}(e_i A_h \sum A_h' e_i)} \tag{5.3}$$

其中，$\theta^g_{i \leftarrow j}(H)$ 为资产 j 到资产 i 的风险溢出；Σ 为误差向量 ε 的方差矩阵；σ_{jj} 为资产 j 的误差项的标准偏差；e_i 和 e_j 为 $N \times 1$ 个选择向量，其中 e_j 的第 i 个元素是 1，其余的元素都等于 0。在该方法中，对每个变量的冲击是非正交的，因此每一行中元素贡献的总和不一定等于 1。为了便于比较，给出了标准化的方差分解矩阵：

$$\tilde{\theta}^g_{i \leftarrow j}(H) = \frac{\theta^g_{ij} H}{\sum_{j=1}^{N} \theta^g_{ij} H} \tag{5.4}$$

其中，$\sum_{i,j=1}^{N} \tilde{\theta}^g_{ij}(H) = N$，并且 $\sum_{j=1}^{N} \tilde{\theta}^g_{ij}(H) = 1$。

从市场 i 到市场 j 的方向性溢出表示为

$$S^g_{.i}(H) = \frac{\sum_{j=1, i \neq j}^{N} \tilde{\theta}^g_{ji}(H)}{\sum_{i,j=1}^{N} \tilde{\theta}^g_{ji}(H)} \times 100 = \frac{\sum_{j=1, i \neq j}^{N} \tilde{\theta}^g_{ji}(H)}{N} \times 100 \tag{5.5}$$

从市场 j 到市场 i 的方向性溢出表示为

$$S^g_{i.}(H) = \frac{\sum_{j=1, i \neq j}^{N} \tilde{\theta}^g_{ij}(H)}{\sum_{i,j=1}^{N} \tilde{\theta}^g_{ij}(H)} \times 100 = \frac{\sum_{j=1, i \neq j}^{N} \tilde{\theta}^g_{ij}(H)}{N} \times 100 \tag{5.6}$$

净风险溢出则等于：

$$S^g_i(H) = S^g_{.i}(H) - S^g_{i.}(H) \tag{5.7}$$

本章用两两净风险溢出得到的结果进行可视化有指向的分析。两两净风险溢出描述了两个市场或两种资产的净传染贡献，这可以帮助本章识别比特币与其他金融市场和资产之间有指向的关系。两两净风险溢出的表达式为

$$S^g_{ij}(H) = \left(\frac{\tilde{\theta}^g_{ji}(H)}{\sum_{i,k=1}^{H} \tilde{\theta}^g_{ik}(H)} - \frac{\tilde{\theta}^g_{ij}(H)}{\sum_{j,k=1}^{H} \tilde{\theta}^g_{jk}(H)} \right) \times 100 = \frac{\tilde{\theta}^g_{ji}(H) - \tilde{\theta}^g_{ij}(H)}{N} \times 100$$

$$\tag{5.8}$$

5.1.3　网络分析法

网络理论已被广泛应用于金融传染和市场关联性的研究中（Diebold and Yilmaz，2014；Gai and Kapadia，2010；Georg，2013；Martínez-Jaramillo et al.，2010）。基于 Diebold 和 Yilmaz（2012）提出的测量风险溢出的方法，本章进一步结合网络拓扑结构，对比特币和其他金融市场的传染网络进行可视化描述。

在金融风险传染网络分析中，每个节点代表一个金融机构或者市场，不同节

点之间的连线代表着各个市场的关联性。这些连接是有方向性且通过加权计算的，反映了每个机构所面临的风险暴露（Gai and Kapadia，2010）。通常有四种常见的测量指标被用来分析比特币和其他金融市场之间的风险传染。第一，节点的度，代表了各个节点与其他节点之间连接的数量，用以下公式来表示：

$$d_i = \sum_{j=1}^{n} a_{ij} = \sum_{j=1}^{n} a_{ji} \tag{5.9}$$

入度衡量了指向该节点连接的数量，对于任一节点 i，如果有节点 j 指向节点 i，那么 a_{ij} 就等于 1，对于任意点用以下公式表示：

$$d_{\text{in}}(i) = \sum_{j=1}^{n} a_{ij} \tag{5.10}$$

出度衡量了该节点指出的连接数量，对于任一节点 i，如果有节点 i 指向节点 j，那么 a_{ji} 就等于 1，对于任意点用以下公式表示：

$$d_{\text{out}}(i) = \sum_{j=1}^{n} a_{ji} \tag{5.11}$$

第二，中介中心性用来衡量一个节点对于风险和信息在网络中传播的控制力（Freeman，1977，1979）。它的计算方法是，节点担任不同节点间通过该节点最短路径的次数，一个节点充当中介的次数越高，它的中介中心度就越大，用以下公式表示：

$$\text{BC}_i = \sum_{s \neq i \neq j} \frac{n_{st}^i}{g_{st}} \tag{5.12}$$

其中，g_{st} 为节点 s 到节点 j 之间所有最短路径之和；n_{st}^i 为这些路径经过 i 的次数。

第三，本章采用平均路径长度和平均直径来描述新冠疫情之前和新冠疫情暴发期的传染网络整体的变化。网络的平均路径长度被定义为所有对节点 i, j 的最短路径的平均长度。平均直径 s 是任意两个节点之间最大距离的平均值。直径的计算方法为

$$s_{\max} = \max_{i,j} s_{i,j} \tag{5.13}$$

5.2　变　量　选　取

本章共计选取了九个不同的变量。根据本书第 4 章得出的结论，数字货币市场之间呈现出高度的相关性，比特币占据了主导地位。因此本章选择比特币来代表数字货币市场进行度量（表 5.1）。

表 5.1 变量选择和描述

测量因素	变量名称	指标说明
股票市场	美国股市（usa）	MSCI_USA 指数用于衡量美国股票市场，它不仅涵盖 S&P 500（Standard & Poor's 500，标准普尔 500）中的股票，而且还包括一些中型股，取对数收益率
	欧洲股市（eu）	MSCI_EUROPE 指数被用来代表欧洲股票市场，包括欧洲 15 个发达国家的中型和大型股票，取对数收益率
	中国股市（cn）	选取上海证券综合指数作为代表，取对数收益率
债券市场	债券指数（bond）	用先锋领航（Vanguard Group）公司的全市场债券优选指数基金代表，该基金包含美国范围广泛的公共投资级固定收益证券，取对数收益率
商品市场	商品价格指数（gsci）	选取高盛商品指数（Goldman Sachs commodity index，GSCI）作为变量。该指数包括能源、贵金属、农产品、能源金属和畜产品类别中共计 24 个商品，其中能源类权重较高，达 76%。在能源类中，原油比重最大，占比 55%，对其取对数收益率
	黄金价格指数（gold）	选取 Comex（纽约商业交易所）黄金期货价格作为指标，取对数收益率
外汇市场	美元指数（usd）	选取美元指数作为外汇市场的衡量指标。美元指数由欧元、日元、英镑、加拿大元、瑞典克朗和瑞士法郎对美元的汇率，经过几何平均后所得，对其取对数收益率
市场情绪	恐慌指数（vix）	恐慌指数代表着 S&P 500 指数期权的隐含波动性。该指数常常被市场看作反映市场恐慌情绪的代表

对于传统的金融市场，本章从五个维度，包括股票市场、债券市场、商品市场、外汇市场和市场情绪，选取了八个变量进行风险传染分析。这些维度的选择与目前现有文献中对数字货币的市场特征进行探究时学者通常选取的全球性市场指标，保持了一定的一致性（Bouri et al.，2017c；Corbet et al.，2018；Dyhrberg，2016；Panagiotidis et al.，2018）。本章通过八个变量来衡量这五个维度，分别为美国股市、欧洲股市、中国股市、美元指数、黄金价格指数、商品价格指数、债券指数和恐慌指数。美国、欧洲和中国在世界经济和金融市场上占据重要地位，同时也是新冠疫情初期的主要暴发地。其中，MSCI_USA 指数被用来衡量美国股市，它不仅涵盖了 S&P 500 中的股票，还包括一些中盘股，涉及范围更加广泛，并且也是金融市场中常用来代表美国股市的指数。MSCI_EUROPE 指数用来代表欧洲股市，该指数包括欧洲 15 个发达国家的大中型股票。本章也选取中国市场作为衡量变量。中国股市用上海证券综合指数表示。美元、黄金、商品和债券也是世界经济中具有代表性的金融资产。美元、黄金和商品市场分别用美元指数、Comex 黄金期货价格和高盛商品指数来衡量。债券市场作为传统股市的分散化投资资产之一，了解其在新冠疫情期间的表现及其与数字货币内在的关系，可以有助于增加对市场的认知。本章选择用一只债券型基金来代表，由先锋领航公司的全市场债券优选指数基金诠释，该基金包含了美国国债、

投资级债券、应税债券、固定收益债券。投资者对市场的预期用恐慌指数来衡量，恐慌指数是指 S&P 500 期权的隐含波动率。以下图、表中，btc、usa、eu、cn、usd、gold、gsci、vix、bond 分别代表比特币、美国股市、欧洲股市、中国股市、美元指数、黄金价格指数、商品价格指数、恐慌指数和债券指数。所有数据均来自英为财情网（http://www.investing.com）。

整个实证数据的全样本期为 2019 年 1 月 1 日至 2020 年 5 月 31 日。选择这个时间段主要有两个原因。第一，2019 年的比特币价格具有一定的代表性。与 2019 年之前高泡沫时期的价格相比，其价格越来越趋于正常化，在 2019 年逐渐达到平稳态和正常态。比特币未来的市场特征或许也会更接近于常态化市场，而非其初期不稳定的价格泡沫阶段。第二，它具有较高的可比性。在所选择的这个时间段，除了新冠疫情危机外，市场具有良好的连续性，全球几乎没有影响比特币价格的重大政策和其他因素。

为了探究不同经济形势下比特币与其他金融市场及资产的风险溢出和风险传染变化，本章将全样本分为两个子期间，即新冠疫情发生前和新冠疫情暴发期。世界卫生组织（World Health Organization，WHO）在 2019 年 12 月 31 日收到首例新冠病毒的病例报告，因此本章选择的暴发时间为该日期后。新冠疫情危机前的数据覆盖 2019 年全年，新冠疫情中期的数据时间范围为 2020 年 1 月 1 日至 2020 年 5 月 31 日。本章对所有变量进行了取对数的处理，其中对于市场价格的对数可以理解为收益率，波动率的对数可以理解为变化率。另外，本章删除了由于节假日差异导致的缺失数据。

5.3　描述性统计

图5.1和表5.2分别报告了所有变量在新冠疫情发生前后两个时期的对数收益率及其描述性统计。在两个不同的时间段内，所选变量的变化很大。在新冠疫情危机之前，恐慌指数呈现出相对稳定的态势，但自 2020 年 2 月以来，其变化开始加速，凸显了新冠疫情所带来的市场恐慌。对于比特币来说，在新冠疫情危机之前，其平均收益率高于其他资产，并且呈现出正向偏态，这意味着其有更高的概率获得积极的收益率。在新冠疫情危机期间，所有资产均表现出较高的波动性，并且呈现出较高的负向平均回报。比特币的所有指标均与疫情冲击之前呈现出显著差异。平均收益率和偏度从正变为负，峰态数值上升将近七倍，表明了更高概率的负收益和极端负收益的可能性。综合来看，大部分金融资产在新冠疫情期间都呈现出更高的不确定性和极端收益率的现象。为了保证在后续向量自回归模型中数据的稳定性，本章采用 ADF（Augmented Dicky-Fuller）检验对各个时间序列进行检验。结果表明，所有系列均通过了平稳性测试。

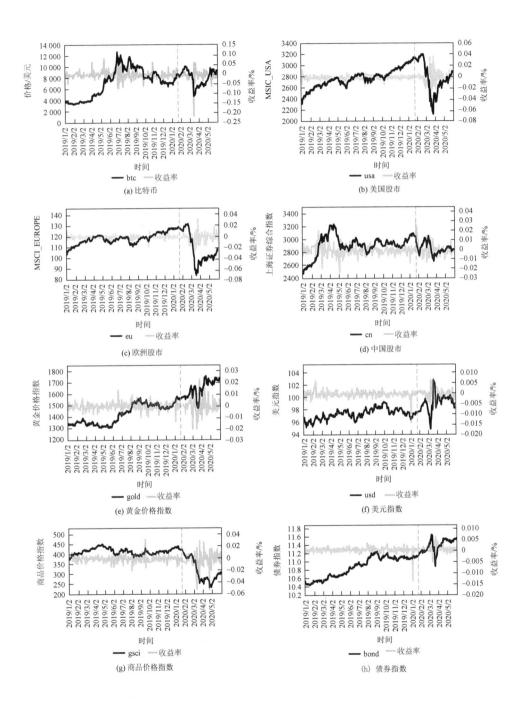

(a) 比特币

(b) 美国股市

(c) 欧洲股市

(d) 中国股市

(e) 黄金价格指数

(f) 美元指数

(g) 商品价格指数

(h) 债券指数

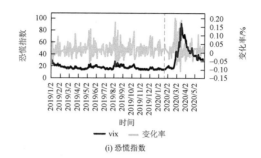

(i) 恐慌指数

图 5.1　所选标的资产的价格和收益图

表 5.2　九种资产的统计性描述和 ADF 检验

项目	名称	均值	标准差	偏度	峰度	ADF 检验
全部样本数据	btc	0.000 734	0.022 8	−2.422 2	25.315 4	−12.543 8***
	usa	0.000 225	0.007 9	−1.246 6	14.672 0	−12.726 6***
	eu	0.000 021	0.006 6	−2.400 6	20.867 4	−10.680 3***
	cn	0.000 177	0.005 6	−0.940 6	6.707 5	−12.804 1***
	gold	0.000 322	0.004 7	0.385 9	6.717 5	−12.410 2***
	usd	0.000 031	0.001 8	0.573 3	3.868 1	−10.322 3***
	gsci	−0.000 342	0.008 5	−1.566 7	11.591 6	−12.473 2***
	vix	−0.000 492	0.038 2	1.171 2	3.482 5	−12.516 9***
	bond	0.000 127	0.001 3	−0.911 0	7.332 2	−11.974 8***
新冠疫情之前	btc	0.001 146	0.019 4	0.375 2	3.531 4	−10.486 9***
	usa	0.000 485	0.003 5	−0.750 9	3.570 4	−11.013 2***
	eu	0.000 354	0.003 4	−0.754 7	4.330 9	−10.538 8***
	cn	0.000 370	0.005 0	−0.149 2	4.673 1	−10.999 1***
	gold	0.000 262	0.003 2	0.163 1	2.475 8	−10.763 8***
	usd	−0.000 000	0.001 3	0.530 6	2.369 5	−9.855 3***
	gsci	0.000 278	0.005 3	0.517 2	7.089 9	−12.295 1***
	vix	−0.001 327	0.033 2	0.809 5	2.256 1	−11.018 7***
	bond	0.000 106	0.000 9	0.072 8	0.339 3	−10.235 3***
新冠疫情期间	btc	−0.000 190	0.030 2	−4.043 2	27.317 4	−6.718 4***
	usa	−0.000 502	0.014 0	−0.640 2	3.302 2	−6.560 3***
	eu	−0.000 913	0.011 4	−1.445 0	6.262 7	−5.276 4***
	cn	−0.000 383	0.006 8	−1.617 2	6.337 3	−6.505 0***
	gold	0.000 470	0.007 3	0.282 8	2.329 8	−6.455 3***
	usd	0.000 092	0.002 6	0.419 0	1.317 4	−4.931 2***

续表

项目	名称	均值	标准差	偏度	峰度	ADF 检验
新冠疫情期间	gsci	−0.002 001	0.013 61	−1.146 7	3.671 4	−6.045 0***
	vix	0.002 203	0.049 2	1.258 5	2.504 2	−6.045 8***
	bond	0.000 172	0.002 0	−1.006 1	3.632 7	−6.377 3***

***表示 1%显著性水平

5.4　全样本平均风险溢出水平

在比较两个子样本期结果之前，本章描述了各个金融市场之间传染的动态演变过程，动态分析评估了整个样本期的平均传染水平的总体情况，并通过图注标记直观地观察到风险传染水平变化的时间节点。本章在分析中使用 100 天的滚动窗口和 10 天的预测范围来平滑结果，以此更好地反映高流动性市场对价格变化的快速反应（Longstaff，2010）。如果选用较短的滚动窗口和预测范围，动态分析结果可能会有更大的波动，但整体趋势和传染特征不会发生变化。总的来说，对参数的合理改变并不影响本章的结果和结论。本章用全样本数据结合 5.1 节中的 VAR 模型进行风险传染测量，根据施瓦兹准则（Schwarz criterion，SC）和汉南-奎因（Hannan Quinn，HQ）准则，建议 VAR 模型的滞后期选择为 $k=1$。

图 5.2 表示所有变量在整个样本期收益率的平均风险传染水平，传染水平以一种资产对另一种资产的溢出效应的百分比来衡量。在新冠疫情暴发前，市场传染水平在 40%～50%波动。在新冠病毒暴发之初，市场并没有受到其影响，甚至呈现出整体风险传染下降的趋势。究其原因，是当时新冠疫情的暴发还是区域性的，人们没有预料到病毒的快速传播及其影响的严重性，本书用"新冠疫情暴发初期"指代这一时期。很明显，2020 年 2 月下旬，随着新冠疫情在更多国家蔓延，整体市场的传染水平开始有了明显的提升。整体风险传染水平从 3 月 9 日开始激增，直至 3 月底，所有市场的传染水平都保持在高位。本书用"新冠疫情暴发中期"指代市场风险激增之后的一段时期。

在此期间，多种因素交织在一起，造成了风险传染水平的提升。2020 年 3 月 11 日，世界卫生组织宣布新冠疫情全球大流行。美国市场在十天内四次熔断，这是全球市场对新冠病毒所带来的恐慌和同期发生的一系列不稳定因素的强烈反应。例如，2020 年 3 月 9 日和 3 月 12 日的原油价格，由于俄罗斯和沙特阿拉伯的地缘政治原因，原油价格发生剧烈波动变化。同时，我们也可以清楚地看到，随着疫情不断恶化，市场也逐渐适应了这种日渐恐慌的气氛。在下一轮的美股熔断和原油暴跌事件中，其对不同资产之间的平均传染程度影响减弱。在数据期末，随着政府开始采取行动去缓解经济压力，应对新冠病毒带来的社会不确定性，欧洲和东亚地区开始逐步恢复正常生活，各个金融资产之间的风险传染效应呈现下降趋势。尽管如此，由于新冠疫情的大流行和对经济的负面影响，在可预见的未来，市场的总体传染程度仍将维持在较高水平。

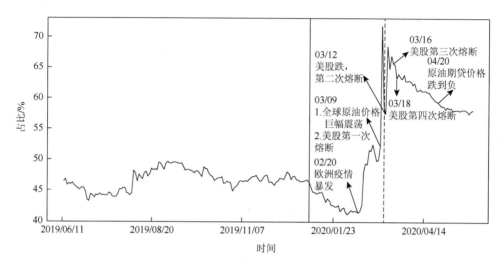

图 5.2　九种资产的平均风险传染水平

实线和虚线分别标记日期 2020 年 1 月 1 日和 2020 年 3 月 11 日，实线区分了新冠疫情的前后期；虚线是世界卫生组织宣布疫情全球大流行的日期

　　图 5.3 和图 5.4 代表了比特币市场在整个样本期间的平均风险传染效应。在新冠疫情之前，比特币的溢出效应和比特币受到其他金融资产溢出效应的影响范围

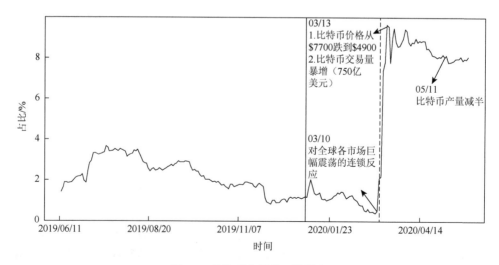

图 5.3　比特币市场的风险溢出

大概在 1%～4%。相比于全球其他大类金融资产，数字货币的风险传染程度较低。因此，在经济相对稳定时期，比特币的价格走势相对独立于全球其他市场。

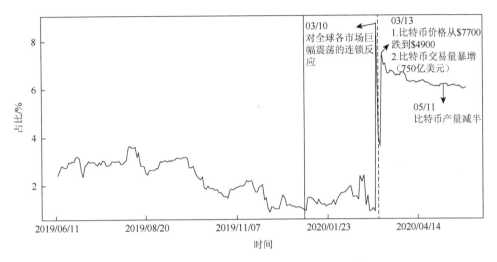

图 5.4　比特币市场接收的风险溢出

但在疫情暴发期，特别是 2020 年 2 月后，比特币接收到的溢出效应从不到 1%激增至 9%以上，这种变化与整体市场的反应一致。但是，比特币产生的风险传染效应要慢于其他资产对比特币资产的影响，也就是说，在全球危机时，比特币会先受到其他金融市场的冲击，然后才会产生一定的溢出效应。现有研究表明，比特币的极端价格变化会对世界指数产生更大的联动效应（Hu et al.，2020）。

图 5.5 描述了全球金融资产和比特币的两两净传染效应。商品价格指数受到比特币溢出的影响最大，而美国股市在新冠疫情暴发之前是比特币主要的风险传染者。但总体而言，这两种冲击都非常微弱。其他市场与比特币之间的传染程度则更低。在新冠疫情危机期间，欧洲股市对于比特币的传染程度大幅上升。从 2020 年 1 月到 2020 年 3 月，美国股市成为主要的传染源，但在疫情集中暴发后开始受到比特币的溢出影响。在新冠疫情大流行期间，黄金和债券开始吸收比特币市场的风险。比特币从恐慌指数的溢出接收方，转变为恐慌指数的风险传播者。这些发现呼应了现有的研究结论，即比特币在新冠疫情前具备一定的对冲功能，但在疫情期间的避险属性大大减少（Conlon and McGee，2020）。至于中国股市和商品价格指数，其对数字货币的传染作用在 3 月中旬左右达到了一个高峰期，但是很快就回归到了原始水平。

总的来说，比特币和其他资产的风险传染一直保持着稳定的态势，直到世界卫生组织宣布新冠疫情的全球大流行后才有所反应。这表明在新冠疫情早期，比

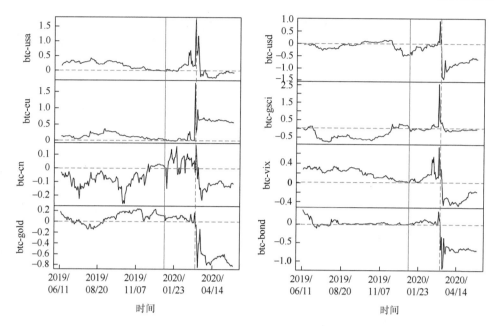

图 5.5　九种资产的两两风险溢出

横向虚线表明 0 风险传染水平

特币具有一定的抗风险性。2020 年 3 月，比特币和其他资产的传染水平发生了显著的变化。当时，多个国家在新型冠状病毒大幅扩散的情况下，选择暂停经济活动和社会活动。沙特阿拉伯与俄罗斯之间的石油争端对全球市场也产生了额外的影响；美国股市作为全球金融资产的风向标和领航者，在 10 天之内熔断四次。在这个不稳定时期，复杂的国际因素交织在一起，导致比特币在两天内价格下跌接近一半。在币安交易所，也迎来了巨大的比特币期货爆仓浪潮，卖空和买空爆仓量加总超过 7 亿美元。截至 2020 年 5 月，比特币风险水平仍保持在高位，下降趋势并不明显。

5.5　比特币风险传染路径的对比分析

5.5.1　同期风险传染

为了构建比特币与其他金融市场和资产同期风险传染的因果关系，我们首先对两个样本之间的 VAR 模型进行最优滞后选择。根据 SC 和 HQ 准则，本章建议两个 VAR 模型的最优滞后期均为 $k=1$。其次，我们利用 VAR 模型产生的残差相关系数矩阵进一步生成有向无环图。Spirtes 等（2000）提出，当样本量较小或不够大时，样本所选的显著性水平应该适当提高。例如，他们建议 100 个以下样本的显著性水平为 0.2，200～300 个样本的显著性水平为 0.1。较高的显著性水平可以避免小样本提供拟合度不足的结果，因为小样本中包含的连接太少（Bessler and Yang，2003；Scheines et al.，1994）。Awokuse 和 Bessler（2003）也发现，在小样本条件下，30%的显著性水平也可以提供可靠的有向无环图结果。在比较了两个子样本期不同显著性水平的结果后，本书对新冠疫情危机前的数据（236 个观测值）采用 0.1 的显著性水平，对新冠疫情危机期间的数据（90 个观测值）采用 0.2 的显著性水平进行有向无环图分析。

表 5.3 报告了两个样本之间的残差相关系数矩阵的结果。本章利用 Tetrad VI 程序中的 PC 算法，将残差相关系数矩阵的结果导入进行有向无环图分析。该过程包含了两个步骤：首先是一个完整的非定向图，得出的结果是九个市场之间有连接但没有指向的图。其次，剔除统计学上不具有显著相关性的边，进行连接定向。具体定向方法参见 5.1 节中描述的方法。最后的结果如图 5.6 和图 5.7 所示。

表 5.3　残差相关系数矩阵

项目	btc	usa	eu	cn	gold	usd	gsci	vix	bond
新冠疫情前的残差相关系数矩阵	1								
	−0.1054	1							
	−0.1036	0.7689	1						
	−0.0413	0.2100	0.3059	1					
	0.1927	−0.2880	−0.3402	−0.0247	1				
	−0.1038	0.0839	0.1241	0.0282	−0.4293	1			
	−0.0459	0.3286	0.2952	0.1609	−0.0648	−0.0440	1		
	0.1140	−0.8376	−0.6510	−0.1675	0.2189	−0.0709	−0.3112	1	
	0.0479	−0.4753	−0.3645	−0.0545	0.5234	−0.1807	−0.3348	0.3774	1
新冠疫情暴发期的残差相关系数矩阵	1								
	0.5647	1							
	0.6313	0.8510	1						
	0.2322	0.3676	0.3842	1					
	0.3394	0.2508	0.3156	0.2559	1				
	−0.0071	−0.0513	−0.1736	−0.1422	−0.2202	1			
	0.3208	0.5678	0.5453	0.3679	0.2746	−0.0388	1		
	−0.4536	−0.7586	−0.5942	−0.1612	0.0028	−0.1596	−0.4458	1	
	0.1091	−0.1382	0.0057	−0.0474	0.2477	−0.4093	0.0515	0.1484	1

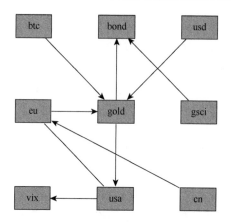

图 5.6　九种资产新冠疫情之前的同期因果结构图

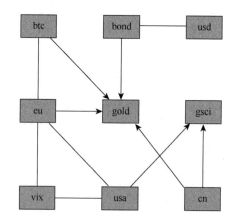

图 5.7　九种资产新冠疫情期间的同期因果结构图

　　如图 5.6 所示，在新冠疫情危机之前，比特币没有受到其他市场的同期影响，是相对独立于其他传染链的。这一结果与现有的其他研究结论保持了一致性，即比特币与其他金融市场和资产之间呈现出较弱的相关性，或者是在因果关系上独立于其他市场的（Corbet et al.，2018；Ji et al.，2018）。图 5.6 还表明，比特币的收益率扰动项将引起黄金收益率扰动项的同期变化。出现这种现象的主要原因是，部分投资者在市场风险下将比特币作为黄金的替代品（Bouri et al.，2017b；Kliber et al.，2019；Shahzad et al.，2019），但总体来看，黄金仍然是危机中市场最后的避风港（Coudert and Raymond-Feingold，2011；Selmi et al.，2018）。

　　在新冠病毒暴发期间，比特币与其他市场和资产的联系变得更加紧密。如图 5.7 所示，比特币的信息会瞬时传输到黄金市场。这种同期传染与新冠疫情暴发前所得到的结果具有一致性。同时，欧洲股市与比特币产生了同期因果关系，但影响方向并不明确。美国股市、恐慌指数和欧洲股市表现出不定向的同期因果关系。通过这几个市场的相互连接，比特币、欧洲股市、美国股市和恐慌指数形成了风险传染网络。可以合理推断，在新冠疫情期间，有些投资者同时投资了股市和比特币，并且在风险来临时，同时在两个市场中撤出了大量的资金。

5.5.2　跨期风险传染

本章分析的重点是两个不同时期比特币与其他金融市场或者资产的风险传染机制。我们首先假设新冠疫情事件极大地改变了比特币与其他市场之间的相互关系，针对这一变化，本章进行了指向性的非同期传染分析，以加强比较验证。表 5.4 和表 5.5 是比特币的预测误差方差来自或指向其他市场残差的贡献矩阵，代表了新冠疫情前以及期间的风险传染情况。每一行分别显示了新冠疫情之前和新冠疫情期间的风险传染贡献情况，但因为每个变量的冲击不是正交的，所以其要素贡献之和不一定等于 1。对于所有市场来说，市场的传染水平在新冠疫情期间变得更加活跃。在新冠疫情之前，大部分市场受自身市场前期变化的影响比例最大，受到其他市场的风险溢出效应很小，一般不超过 5%。当新冠疫情冲击市场时，所有市场接收到来自其他资产的传染比例更高，平均传染水平从 41.38% 上升到 58.88%。

表 5.4　新冠疫情前风险传染表格（单位：%）

变量	btc	usa	eu	cn	gold	usd	gsci	vix	bond	FROM
btc	91.19	1.06	1.07	0.34	3.47	1.07	0.32	1.20	0.29	0.98
usa	0.40	35.18	20.49	1.56	3.88	1.57	3.74	24.56	8.62	7.20
eu	0.48	23.54	39.80	4.15	5.07	0.97	3.63	17.06	5.31	6.69
cn	0.75	6.94	9.06	72.37	0.53	0.98	1.97	5.98	1.40	3.07
gold	2.51	4.64	6.96	0.20	55.44	10.65	1.35	2.78	15.48	4.95
usd	0.88	0.80	1.24	0.08	14.72	78.61	0.29	0.67	2.71	2.38
gsci	2.68	7.04	5.68	2.25	1.48	1.24	65.56	6.32	7.74	3.83
vix	0.52	28.79	16.6	1.09	2.17	0.79	3.95	39.68	6.41	6.70
bond	0.31	11.15	6.75	0.63	14.90	3.56	5.80	7.17	49.72	5.59
TO	0.95	9.33	7.54	1.15	5.14	2.31	2.34	7.31	5.33	41.38

表 5.5　新冠疫情期间风险传染表格（单位：%）

变量	btc	usa	eu	cn	gold	usd	gsci	vix	bond	FROM
btc	44.48	14.38	18.30	2.35	5.14	1.09	4.75	8.92	0.58	6.17
usa	15.05	29.19	22.46	5.00	1.64	0.46	8.46	16.43	1.32	7.87

变量	btc	usa	eu	cn	gold	usd	gsci	vix	bond	FROM
eu	13.21	22.96	31.73	5.20	3.19	1.66	9.84	12.04	0.17	7.59
cn	3.47	8.62	9.32	60.69	4.09	1.42	9.55	2.64	0.20	4.37
gold	13.16	5.71	7.48	5.44	44.51	2.86	5.41	7.25	8.19	6.17
usd	6.96	10.31	10.39	3.43	3.33	37.06	8.79	4.31	15.43	6.99
gsci	5.33	14.98	14.13	6.20	3.46	0.56	45.33	9.74	0.27	6.07
vix	10.64	23.97	15.59	2.35	0.16	1.27	7.53	37.37	1.12	6.96
bond	7.12	10.37	9.26	8.64	3.08	6.57	10.06	5.14	39.74	6.70
TO	8.33	12.37	11.88	4.29	2.68	1.76	7.15	7.39	3.03	58.88

　　另外，本章将比特币和其他市场在两个时间段有指向的传染路径进行可视化。基于表 5.4 和表 5.5，本章构建了净传染矩阵，基于此生成图 5.8 和图 5.9 中的风险传染网络图。如表 5.4 和表 5.5 所示，风险的一般传染是双向的，而净传染则是单向的。单向的净风险传染可以更好地描述各资产对信息和风险的净效应传递和传染的主导地位。

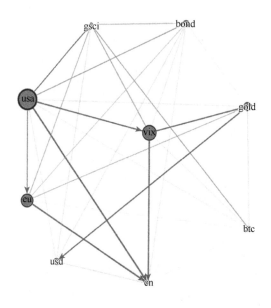

图 5.8　新冠疫情前净风险传染网络图

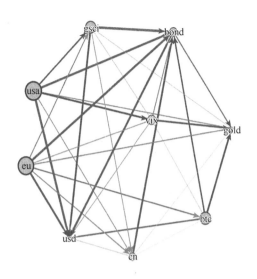

图 5.9　新冠疫情期间净风险传染网络图

图 5.8 和图 5.9 描述了不同资产之间的两两净传染路径，每个网络中都共有九个节点和 36 条边，分别代表市场间的两两净风险溢出。出度和入度衡量了各个节点所发散出或者接收到其他金融资产或市场的风险溢出效应。节点的大小反映各变量的出度，代表了资产在网络中风险影响力的大小。节点越大则代表该市场的风险传染能力越强。边缘的粗细表示节点资产对其他资产的净传染水平。从资产传送出去的净风险溢出量越多，连接越粗。

表 5.6 描述了两个风险传染的网络特征。纵观整个网络的传染情况，新冠疫情冲击后的数字货币和金融市场的整体风险传染水平相比危机前均呈现出上升趋势，平均路径长度和平均直径分别从 1.61 和 5 下降到 1.07 和 2。数值越低，意味着风险和信息越容易在各个资产之间传递。在新冠疫情期间，一旦某一市场发生价格上的剧烈变动，其他市场也会很快做出反应。即使两个市场在新冠疫情前的关联性很低，在新冠疫情期间也会有高度的联动和传染效应。表 5.7 中的加权出度入度的变化也印证了市场间的传染水平增强。在新冠疫情前，黄金在网络中的中介中心性最高，为 12.5（表 5.8）。这意味着，它在整个过程中起到了中介作用，市场的风险通常会通过美元传递给其他资产。但在新冠疫情期间内，没有一个市场表现出较高的中介中心性，这说明风险和信息的传递渠道对所有市场来说都是平均分布的。这表明市场在风险传递的过程中不需要中间市场作为中介，不同市场之间的风险传染反应时间较短。在危机阶段，美国股市和欧洲股市是两个最大的风险净传播者，可以说是造成新冠疫情危机中各个市场风险激增的源头市场。而美元、黄金和债券则成为网络中的净风险接收者，证明了它们在应对负面信息时的被动地位。

表 5.6 风险传染网络特征表

特征	新冠疫情之前	新冠疫情期间
平均路径长度	1.61	1.07
平均加权度	6.67	19.00
加权平均值	13.33	38.01
平均直径	5	2

表 5.7 比特币风险传染网络特征

时间	入度	出度	加权入度	加权出度	加权度
新冠疫情之前	5	3	3.08	2.79	5.87
新冠疫情期间	1	7	5.09	24.52	29.61

表 5.8 中介中心性表格

名称	新冠疫情前	新冠疫情期间
btc	0.5	1
usa	5.0	1
eu	0	1
cn	10.5	0
gold	12.5	0
usd	0	0
gsci	2.3	0
vix	5.3	0
bond	1.5	0

对于比特币来说,在新冠疫情危机之前,它从其他五个市场接收到了净风险传染,并向三个市场传递了风险(表 5.7)。黄金对比特币有轻微的正向溢出,同时也接收到比特币的传染,因此净效应不明显。商品价格指数却单向只收到比特币的溢出,但对比特币没有影响。总的来说,比特币与各个市场之间的风险传染效应较为微弱,主要的影响因素是自身前期的滞后效应。这一结果与 Kurka(2019)之前的研究结果保持了一致性。受新冠疫情的影响,比特币与其他市场之间的风险传染程度较高。从净值来看,比特币成为七个市场的风险溢出对象(图 5.9,

表 5.7）。黄金、美元和债券受比特币的影响最大，是比特币风险的最终接收"买家"。比特币主要受到欧洲股市的影响，欧洲股市对比特币的收益率有主导作用。但是，在解读欧洲股市和比特币之间的结果时，我们必须保持一定的谨慎。第一，欧洲股市也接收了美国股市大比例的风险溢出（图 5.8）。第二，欧洲股市和美国股市在历史上呈现出极高的相关性。第三，美国股市对发达市场有很强的传染效应（Dungey and Gajurel，2014；Jayech，2016）。第四，如表 5.5 所示，美国股市和市场情绪在总量层面也有相对较大的溢出效应。因此，对于欧洲市场来讲，其收益率发生大幅变化的传染源头可能是其上游的美国股市或者市场情绪所造成的。我们有理由推断，欧洲股市成为美国股市和比特币之间的传染中介，起到了桥梁的作用。此外，市场情绪对比特币的影响表明，市场恐惧程度的快速上升和市场信心的快速下降会推动比特币市场价格的巨大波动。这反映了 Conlon 和 McGee（2020）的实证研究，即在新冠疫情期间，比特币并不是一个安全的避险资产。这些发现有助于补充有向无环图方法所产生的三个市场之间不定向的连接。

结合图 5.6 和本节的结果，本书发现，比特币是黄金的风险传染者，黄金在危机中接收了比特币的长期溢出效应。这一发现与 5.5.1 节中的同期风险传染的因果关系遥相呼应。产生这一结果的原因可能是人们仍然认为黄金是危机时期最理想的避风港（Coudert and Raymond-Feingold，2011；Selmi et al.，2018），其避险资产效应优于比特币。除此之外，在新冠疫情时期，比特币与美元和债券之间的净风险传染效应发生了显著变化（表 5.5 和图 5.7）。比特币从相对独立的资产，变成这两种资产的净风险传播者。可能的原因是比特币比债券和美元具有更高的流动性，通常流动性较高的资产可以更快地在价格上反映市场的因素变化（Longstaff，2010）。此外，美元和债券在某些情况下也被认为具有避险资产或者对冲资产的属性（Das et al.，2020；Flavin et al.，2014；Schuknecht et al.，2009）。

本章原本预期比特币和中国股市之间在新冠疫情期间也应该会有很强的传染效应。第一，由于初期比特币市场受到中国政策和参与者的影响极大（Borri and Shakhnov，2020；Cheng and Yen，2020）；第二，中国也是新型冠状病毒的流行地区之一；第三，根据 Corbet 等（2020）和 Al-Awadhi 等（2020）的阶段性研究表明，比特币市场在新冠疫情期间是和中国股市有一定相关性的。然而，本章的研究结果却无法支持上述假设，也就是中国股市和比特币市场之间的风险传染并不显著，也没有直接的传导机制。另外，2020 年中国对新冠疫情采取了一系列的控制举措，有效地抑制了新冠疫情在中国的蔓延，中国的市场信心并没有受到大幅影响。因此，本章认为，比特币后期的市场反应主要是由经济发达国家市场的大幅震荡，以及中国以外的投资者对市场产生的恐慌所造成的（Al-Awadhi et al.，2020）。

5.6　本 章 小 结

本章以新冠疫情事件为节点，探究了数字货币与传统金融资产之间同期和跨期风险传染的程度及路径的变化。首先，本章采用 Diebold 和 Yilmaz（2012）提出的广义向量自回归的方法，探究了全样本期间数字货币和其他金融资产的平均动态风险传染程度。其次，本章采用有向无环图与 Diebold 和 Yilmaz（2012）风险溢出的方法对数字货币及其他金融资产的同期风险传染和跨期风险传染进行了分析。最后，利用网络分析方法，描绘了新冠疫情前及暴发期的风险传染路径。

研究结果表明，在新冠疫情之前，比特币与其他金融资产间的风险传染效应十分有限，仅有黄金与比特币之间有相对较高的传染水平，不过整体效应依旧非常低。在新冠疫情暴发初期，市场的整体风险传染水平没有明显变化，随着疫情在欧洲、美洲以及全球的逐步扩散，整个市场的风险传染水平激增，在 2020 年 3 月达到阶段性高潮。比特币市场也在该阶段呈现出更高的传染效应。跨期和同期的研究结果都表明，黄金市场总是接收比特币的风险，并且欧洲股市成为比特币的主要风险传播源。数字货币市场与美国股市、欧洲股市还有市场情绪形成风险传播网络。截至样本末期，数字货币市场的整体风险传染水平仍处于较高位，并在可预见的未来可能仍会保持该风险传染水平。

第6章 数字货币市场风险指数的构建

数字货币市场特征及风险研究吸引了很多学者的关注，但是提供数字货币的风险管理及治理工具和方法的研究数量仍较少。对于数字货币的管理，目前主要集中探讨了数字货币自身内在机制的治理问题，如作为去中心化分布式的数字货币，其多个利益相关者之间的博弈（Østbye，2018），底层机制设计的自治问题（Spithoven，2019；Trump et al.，2018），以及生态系统中各个参与者的平衡管理问题（Azouvi et al.，2018；Trump et al.，2018）。数字货币市场风险管理的问题值得更多关注，一方面有助于投资者更好地在投资过程中有效地利用数字货币进行资产配置；另一方面也有助于监管层面更好地对数字货币风险进行追踪和把控，为有关部门出台政策做好铺垫并提供有益的参考建议。

本章旨在基于本书第4章和第5章对数字货币之间相关性分析和数字货币与传统金融市场之间的风险传染分析，结合历史文献的研究成果，设计出合理的数字货币市场风险指数，为今后管理数字货币市场风险提供参考依据。

6.1 指数合成流程

数字货币市场风险指数的构建步骤是：①根据数字货币的特点，选取反映数字货币市场的不同风险维度；②选取或设计该维度下与数字货币市场关联最佳且紧密的市场指标；③对各个指标的权重进行确定；④确定综合权重，合成原始指标。该指标反映了数字货币市场的综合风险程度，是管理数字货币市场风险的有力工具。图6.1为数字货币市场风险指数合成流程图。

整个指标的合成思路是，首先结合第4章和第5章对数字货币的风险分析以及现有文献的研究结果选取现有指标，如若没有现成的指标，本章则根据数字货币市场特征及经验，创造合适的原始指标。其次，利用变异系数法、熵权法、相关系数法和CRITIC（criteria importance though intercrieria correlation）方法对指标权重进行赋权平均。虽然本章在选取指标时设置了不同的维度，其目标主要是明确所选指标具体衡量了数字货币市场风险的哪些方面。本章希望选取具有代表性的变量构成简单且有效的指数，所以并没有选取过多的原始指标。因此，对合成指数分层、分维度再次计算意义不大。总的合成指数并不区分维度。

最后结合指数的标的和权重，对其采用以下方法进行综合合成：

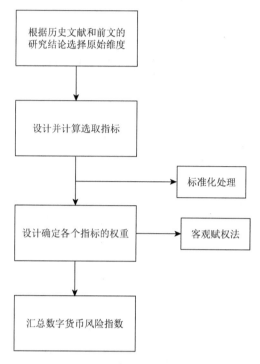

图 6.1　数字货币市场风险指数合成流程图

$$f_{ij} = \sum_{j=1}^{m} \lambda_j X_{j,t} \qquad (6.1)$$

其中，f_{ij} 为某一维度风险代表数值；λ_j 为自身维度之间不同原始指标的权重值；$X_{j,t}$ 为该维度对应的指标在时点 t 的数值。

$$F_i = \sum_{i=1}^{m} \omega_{it} f_i \qquad (6.2)$$

其中，F_i 为数字货币市场风险指数在时点 t 的数值；ω_{it} 为不同维度之间的权重；f_i 为该维度对应的风险指数数值。

6.2　原始指标的选择

在数字货币市场中，比特币约占据市场份额的 60%～80%，在市场价格上也一枝独秀，最高达到了突破天际的 60 000 美元（2021 年 4 月）。从整个市场交易量来看，最多的时期约占市场整体交易份额 30%（2019 年）。第 4 章的研究结果表明，比特币在主流的六种数字货币中占据主导地位，其与以太币、瑞波币、莱特币等数字货币的动态相关性一度达到 90%，与相对较小币种的币安币、柚子币等也达到 60%～70%的动态相关性。

数字货币市场整合是随着时间阶段性变化的，自 2017 年 12 月后其整合性增强，特别是在熊市期间，这就意味着各个数字货币之间呈现出较高的相关性，其中交易量和外界的不确定性是主要的决定性因素（Bouri et al.，2021）。特别是在一些阶段，数字货币市场与其他金融市场的关联性较低、风险溢出效应较低，主要市场的风险变化还是取决于自身的设计和操作等（Corbet et al.，2018）。在数字货币之间，通常大市值的币种是主要的波动率传染源，如比特币和以太币，是主要的波动率传染源，并且当发生外界冲击时，数字货币之间的风险传染会呈现出加剧的态势（Yi et al.，2018）。

数字货币的跨市场风险主要可以从数字货币价格信息、交易数量以及数字货币市值大小三个方面来看，其中的度量维度包括市场大小（市值、价格大小、数字货币存活市场）、动量效应、数量因素和波动因素（Liu et al.，2019）。当数字货币市场投资属性较高时，其长期价格，特别是比特币，取决于市场活动，如交易数量、价格波动性等。当市场趋于更加理性的时候，数字货币的市场则更多由经济因素驱动（Li and Wang，2017）。

比特币对全球政策和法律法规是比较敏感的（Aysan et al.，2019；Wang et al.，2020）。其具备一定的对冲和避险属性，在全球不确定性升高时，其收益率呈现出正向关系（Li and Wang，2017）。Demir 等（2018）证明全球 EPU 指数对于数字货币的收益率有预测作用，特别是在高分位数和低分位数时，两者的负相关性明显。随着时间的变化，数字货币市场呈现出阶段性地对外界经济金融的冲击做出反应，对于风险传染情况来说，VIX 与数字货币市场之间存在较高的风险溢出效应（Corbet et al.，2018）。其收益率与宏观因素还有外汇市场的关系不大，主要取决于人们对数字货币市场的关注程度和欢迎程度（Polasik et al.，2015）。很多学者通常利用谷歌趋势指数或者维基百科搜索比特币的频次来反映市场上对数字货币的关注度（Aalborg et al.，2019；Ciaian et al.，2016；Kristoufek，2013；Panagiotidis et al.，2018；Yelowitz and Wilson，2015）。

虽然数字货币市场与传统金融市场之间在关联性上整体呈现出较弱的关系，但其变化会随着外界环境的刺激以及数字货币市场的逐渐成熟发生变化，呈现出阶段性的高度关联性（Kurka，2019）。以比特币为例，在早期，数字货币与传统金融资产之间没有同期关系，与黄金资产、中国股市以及全球股市有一定的跨期关系（Ji et al.，2018）；在本书第 5 章的研究中发现，数字货币在新冠疫情前仅与黄金资产有同期风险传染效应，而在新冠疫情暴发期间，数字货币与美国股市、欧洲股市还有市场情绪形成了同期风险传染环，并且将风险传递给黄金资产。特别是在新冠疫情期间，全球资产价格剧烈波动的期间，比特币、以太币与黄金价格呈现出显著正相关，表明了其避险资产的特性（Mariana et al.，2021）。

从整体来看，数字货币市场的风险与自身因素时时相关，与外界其他因素呈现出阶段性关联。在一定程度上，风险因素可以通过窥探数字货币的价格构成及其影响因素进行度量。对于外界因素，主要涉及宏观环境和金融市场。因此，我们可以将数字货币市场的风险因素通过四个维度进行设计，包括数字货币维度、外部环境维度、关注程度维度和金融市场维度。结合现有文献，对于数字货币自身的特性，主要可以通过波动性、交易笔数、交易量和交易地址方面来考察。另外，谷歌趋势指数也是数字货币的重要价格影响因素，因此可以通过选取该指数作为代理变量衡量数字货币的受关注程度。对于外部环境维度，比特币的避险属性决定了其与全球经济政策不确定性的关联性，在一定程度上可以预测其风险程度；同时市场的情绪也是重要的风险传导和影响因素，在数字货币的风险传染路径上起到重要作用。因此在该维度选取 EPU 和 VIX作为指标。在金融市场方面，本章主要选取至今仍对数字货币有持久影响效应的美国市场作为指标。美国市场不仅对于数字货币是风险传染因素之一，对于全球的金融市场都有巨大引领和影响效应。黄金常拿来与数字货币进行对比，被视为避险或者对冲资产。虽然在早期数字货币与黄金的关联性不高，但是随着新冠疫情的暴发，到了后疫情时代，黄金与数字货币的关系发生了微妙的变化，逐渐形成正相关。这也是数字货币正在逐渐发展成为类黄金的避险资产的表征。而这种变化，在全球经济动荡时期更加明显，在一定程度上也是风险指向的代表。

因此，我们可以发现数字货币的市场风险，除了自身因素以外，通常受到外界影响。本章认为，在一般状态下，数字货币与这些因素存在相对稳定的关系，而当这些稳定的关系被打破时，则可能是市场发生风险的时间（如稳定时期通常与黄金的相关性维持在零上下，而在新冠疫情的冲击下，比特币与黄金呈现出正相关等）。

在构建数字货币市场风险指数的过程中，我们很难通过某一指数去囊括与数字货币市场风险相关的所有维度，因此该指数衡量的主要是市场所产生的不确定性，或者说是偏离各个指标一般水平的程度。总的来说，我们可以把数字货币的市场风险指数主要检测的风险看作市场超出一般平均水平的异常值，包括自身波动率、发展状态和与其他金融市场之间的关系。

综上，本章选取了四个维度，共计九个变量作为数字货币市场风险指数的原始指标，如表 6.1 所示。通过合成数字货币市场风险指数，我们可以有效衡量不同方面对数字货币的风险影响，并对数字货币市场的整体风险产生预警作用。该指标数值越大，意味着风险水平越高，即正向。

表 6.1　指标选择和描述

维度	指标选择	解释	方向	变量名称
数字货币	价格波动率	比特币价格的 GARCH 波动率	正向	vbtc
	交易量	比特币交易量增长速度$(v_1-v_0)/v_0$	正向	vvol
	交易笔数	比特币交易笔数增长速度$(n_1-n_0)/n_0$	正向	vuni
	交易地址	比特币特殊交易地址增长速度$(m_1-m_0)/m_0$	正向	vnum
外部环境	国际政策	经济政策不确定性指数——EPU	正向	epu
	市场情绪	恐慌指数——VIX	正向	vix
关注程度	搜索指数	谷歌趋势指数	正向	gtrend
金融市场	美国市场	比特币收益率与美国市场收益率之差的绝对值	正向	abs
	黄金市场	与黄金的动态相关系数 DCC-GARCH	正向	vgold

6.3　数据及其预处理

本章共计选取四个维度的九个不同的指标，进行指数合成。对于数字货币维度，比特币在数字货币市场占据压倒性地位，并且各个数字货币种类与比特币呈现出高度的相关性，因此主要以比特币的相关指标进行衡量，包括比特币价格波动率、交易量、交易笔数、交易地址。在外部环境维度，本章选取了国际政策和市场情绪作为选择变量，衡量了国际政治、经济、预期等各个外界社会因素对数字货币风险的影响。国际政策用 EPU 指数代表，市场情绪仍沿用第 5 章的 VIX 作为标准。第三个维度选择关注程度，该维度用搜索指数（即谷歌趋势指数）来表述，衡量了群众对数字货币感兴趣的程度。第四个维度为金融市场，本章选择美国市场和黄金市场作为对比标准，对数字货币的市场风险进行衡量。该数据仍然延续了第 5 章中的 MSCI_USA 和 Comex 黄金期货价格作为原始数据。

比特币价格波动率、交易量数据来源于 CoinMarketCap 网站；交易笔数、交易地址数量，来自 Quandle 网站；谷歌趋势指数数据来源于谷歌；VIX、MISCI_USA、Comex 黄金期货价格均来源于英为财情（http://www.investing.com）；EPU 来自 https://fred.stlouisfed.org。

根据上述的指标选择，本章需要对指数构建的数据进行两步预处理。首先，测算选择指标的具体数值。其中，原始数据经过处理的数据包括：价格波动率、交易量、交易笔数、交易地址、谷歌趋势指数、美国市场和黄金市场指标，具体的处理方法详见表 6.1。对于谷歌趋势指数，全样本的原始数据是月频数据，本章根据阶段性周度数据和日频数据，对全部数据进行处理，实现全样本的日频数据。

本章构建指数所采用的数据样本时间为 2015 年 1 月 1 日至 2020 年 12 月 31 日，删除了由节假日差异导致的缺失数据，共计 1511 个日频数据。

（1）GARCH 测算波动性和动态相关性。

对于价格波动性和黄金市场的指标，两者需要对其进行 GARCH 模型计算。具体步骤如下。

第一，对比特币价格和黄金期货价格的时间序列取对数收益率，并进行一阶差分，验证其数据平稳性。

第二，考虑变量是否具有 ARCH 效应。本章采用 LM 检验和 Ljung-Box 检验对时间序列进行检验。在两种方法中，原假设 H_0 为该时间序列没有 ARCH 效应，备择假设 H_1 为该时间序列存在 ARCH 效应。当 $p < 0.01$ 时，拒绝原假设，因此选择的两个均变量具有 ARCH 效应（表 6.2）。

表 6.2　ARCH 效应检验

名称	LM 检验	Ljung-Box 检验
BTC	40***	60***
GOLD	20***	100***

***表示 1%显著性水平

第三，在两个时间序列均平稳且具有 ARCH 效应的条件下，本章对两个序列建立 GARCH（1，1）模型，以求比特币价格的波动时间序列，以及比特币价格和黄金价格的 DCC-GARCH 动态相关性。将所得的比特币价格 GARCH 波动时间序列和比特币价格与黄金价格之间的动态相关性系数提取出来，作为下一步构建指数的输入数据。

（2）对原始数据进行标准化处理。

对得到所需指标的原始数据进行标准化处理。该步骤旨在增加不同维度数据间的可比性。本章通过指标设计和选择，在方向性上只有正向指标，因此在第一步数据处理的基础上，对所有指标的标准化处理方式如下所示。

$$y = \frac{x - x_{\min}}{x_{\max} - x_{\min}} \tag{6.3}$$

其中，x 表示指标值；$x_{\min}$ 表示该指标序列中的最小值；$x_{\max}$ 表示该指标序列中的最大值。

6.4　指标权重的测算

目前对于指标构建的赋权方法可以分为两大类，第一类是主观赋权法，主要依靠专家打分或者对信息的判断进行决策。主观赋权法在极大程度上受到决策者和专家对各个指标的经验理解，不同数量的专家或者不同的专家都会影响权重结果。这类常用的方法包括专家打分法、层次分析法（analytic hierarchy process，AHP）、简单多属性评级技术（simple multi-attribute rating techniquc，SMART）等。第二类是客观赋权法。客观赋权法消除了主观赋权法中对专家和决策者的依赖，主要采用数据驱动的方式，寻求数据之间所传达的某种关系进行赋权。常用的方法有熵权法、变异系数法、相关系数法、CRITIC 赋权法、DEA（data envelopment analysis，数据包络分析）法、因子分析法等。

本章选取客观赋权法对指标进行分析，主要采用变异系数法、熵权法、相关系数法和 CRITIC 赋权法。指数的最终权重采用四种方法的算数平均值。

（1）变异系数法。

变异系数可以反映时间序列的差异程度，适用于数据类别具有相同属性但是观测值之间有差异的序列，这种差异通过变异系数反映出来（Bedeian and Mossholder，2000）。在赋权过程中，变异系数法通过不同时间序列中所反映的信息差异，进行权重分配。差异程度越大，意味着两个时间序列之间的信息量越大，所赋权的比重越大。

$$c = \frac{\sigma}{\mu} \tag{6.4}$$

其中，c 为变异系数；σ 为指标的标准差；μ 为该时间序列指标的平均数。

各指标的权重为

$$w_j = \frac{c_j}{\sum_{j=1}^{n} c_j} \tag{6.5}$$

（2）熵权法。

熵权法（Shannon，1948）主要利用信息熵对各个指标进行赋权，指标的信息熵 e_j 越小，意味着该指标的变异程度越大，信息量越大，因此所赋的权重越大。

首先计算所有数据中指标 x_{ij} 的贡献总量，p_{ij} 为第 j 个指标下第 i 个系统特征比重，公式如下：

$$p_{ij} = \frac{x_{ij}}{\sum_{i=1}^{n} x_{ij}} \tag{6.6}$$

e_j 为第 j 个评价指标的熵值，公式如下：

$$e_j = -\frac{1}{\ln n} \sum_{i=1}^{n} p_{ij} \ln p_{ij} \tag{6.7}$$

其次计算第 j 个指标的差异系数 g_j 并进行归一化处理，具体如下：

$$w_j = \frac{g_j}{\sum_{j=1}^{m} g_j} (j=1,2,\cdots,m) \tag{6.8}$$

其中，$g_j = 1 - e_j$。

（3）相关系数法。

相关系数法（Gerstenkorn and Mańko，1991）首先需要计算所选指标之间的皮尔逊相关系数，公式如下：

$$\rho = \frac{\sum_{1}^{n}(X_i - \bar{X})(Y_i - \bar{Y})}{\sqrt{\sum_{1}^{n}(X_i - \bar{X})^2 \sum_{1}^{n} Y_i - \bar{Y}}} \tag{6.9}$$

其次，根据各个系数的相关系数矩阵 R，对其进行权重确定。相关系数越大，表明数据之间的重复信息越多，那么所赋权重越小；反之，如果相关系数越小，则不同数据之间承载差异性信息，所赋权重则越大。

$$R = \begin{Bmatrix} 1 & r_{12} & \cdots & r_{1j} \\ r_{21} & 1 & \cdots & r_{2j} \\ r_{31} & r_{32} & \cdots & r_{3j} \\ \vdots & \vdots & & \vdots \\ r_{i1} & r_{i2} & \cdots & 1 \end{Bmatrix}$$

$$w_i = \frac{\sum_{i=1}^{n}(1-|r_{ij}|)}{\sum_{i=1}^{n}\sum_{j=1}^{m}(1-|r_{ij}|)} \tag{6.10}$$

其中，r_{ij} 为指标 i 与指标 j 之间的相关系数；w_i 为确定的权重。

（4）CRITIC 赋权法。

CRITIC 赋权法（Diakoulaki et al.，1995）结合了信息量和相关性，它使用每列数据的标准差，以及数据两两之间的相关系数来确定权重。数据之间的差异越大，则相关系数越低，赋权越高。

设 φ_j 为第 j 个指标所含的信息量和独立性的度量，其中 σ_j 为时间序列 j 的标准差，r_{ij} 为序列 i 和序列 j 之间的相关系数：

$$\varphi_j = \sigma_j \sum_{i=1}^{n}(1-r_{ij}) \tag{6.11}$$

基于上一步，计算指标 j 的对应权重，公式如下：

$$w_j = \frac{\varphi_j}{\sum_{j=1}^{n} \varphi_j} \qquad (6.12)$$

（5）综合权重确定。

组合评价的方法有很多种，本章参考汪克夷等（2009）、马威（2013）、杜孝平等（2018）对组合评价方法的选择，选用算术平均法确定综合权重。该方法计算简单，并且结果与其他方法结果相似，不会对最终评价结果产生过大偏差（杜孝平等，2018）。

根据上述四种权重的计算方法，本章得到四种方法下指标权重，展示了不同维度九个指标的综合赋权。如表 6.3 所示，可以看到九个指标中赋权比重最高的为搜索指数，为 22.78%。该比重明显高于其他指标，表明数字货币的搜索指数在信息量和独立性上都与其他所选指标具有较大的差异，特别是在变异系数法和熵权法中，其赋权值明显高于其他指标，说明搜索指数在信息量方面区别于其他指标，这也印证了搜索引擎所承载信息量巨大的事实，以及数字货币市场对舆论的敏感性。其余赋权比重由高到低顺序为：美国市场（13.23%）、国际政策（11.06%）、市场情绪（10.90%）、价格波动率（10.49%）、黄金市场（10.48%）、交易笔数（8.33%）、交易地址（6.57%）、交易量（6.18%）。

表 6.3　四种方法下指标权重

名称	变异系数法	熵权法	相关系数法	CRITIC	平均值
vbtc	0.1070	0.1074	0.1101	0.0950	0.1049
vvol	0.0367	0.0253	0.1185	0.0668	0.0618
vuni	0.0581	0.0178	0.1128	0.1444	0.0833
vnum	0.0315	0.0089	0.1131	0.1091	0.0657
gtrend	0.2578	0.4785	0.1168	0.0580	0.2278
vix	0.1218	0.1021	0.1062	0.1057	0.1090
epu	0.1298	0.0851	0.1052	0.1223	0.1106
abs	0.1574	0.1438	0.1104	0.1176	0.1323
vgold	0.0999	0.0312	0.1070	0.1811	0.1048

如表 6.4 所示，从不同维度来看，首先是数字货币自身相关因素的比重对整体风向指标的权重占比最大，为 31.56%，这也印证了很多研究的结论，即数字货币市场与外界其他金融资产的关联性较弱（Corbet et al.，2018；Das et al.，2020；

Gil-Alana et al., 2020); 其次是金融市场对数字货币的影响, 赋权比重为 23.71%, 这与现有研究的结论产生了共鸣, 即在不同时段, 如新冠疫情期间, 数字货币的风险与其他金融市场之间存在溢出效应, 并具有一定的相关性 (Conlon and McGee, 2020; Corbet et al., 2021); 再次为关注程度, 赋权占比为 22.78%; 最后为外部环境, 赋权占比为 21.96%。整体来看, 不同维度的赋权值较为均匀, 不存在某一维度过高的不合理情形。

表 6.4　各个指标及维度的赋权表

维度	变量名称	平均值	维度平均值
数字货币	vbtc	0.1049	0.3156
	vvol	0.0618	
	vuni	0.0833	
	vnum	0.0657	
关注程度	gtrend	0.2278	0.2278
外部环境	vix	0.109	0.2196
	epu	0.1106	
金融市场	abs	0.1323	0.2371
	vgold	0.1048	

6.5　数字货币市场风险指数检验及特征

根据 6.4 节中对指数的赋权结果, 经过模型拟合后形成数字货币的市场风险指数。对于指数的测算, 本节对其进行了标准化处理, 具体的处理方式见式 (6.3), 然后绘制了本节选取数据时间段的指数图, 如图 6.2 所示。

6.5.1　数字货币市场风险指数的检验

为了检验数字货币市场风险指数的科学性和合理性, 本章对指数构建内部不同维度进行了差异化检验, 并和反映刻画的预期指标进行了相关性检验。

在验证指标选取的内在一致性上, 本节对各个维度的指标进行了相关性检验。结果表明, 数字货币市场风险指数的四个维度——数字货币、关注程度、外部环境和金融市场之间呈现出显著的相关性 (表 6.5), 说明在指标选取的过程中保持了内在的效度。

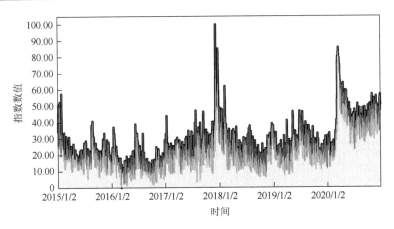

图 6.2　标准化后数字货币市场风险指数

表 6.5　数字货币市场风险指数与不同维度的相关性

指标	相关性
比特币价格	0.5728***
数字货币	0.5487***
关注程度	0.4218***
外部环境	0.6905***
金融市场	0.7915***

***表示 1%显著性水平

另外，数字货币的市场风险指数的构建目标之一是能够有效地刻画和预警数字货币价格的剧烈变动给投资者带来的不必要的损失。因此，数字货币的价格也是检验该指数有效性和合理性的指标之一。本章选取了比特币的价格作为检验标准，通过对数字货币市场风险指数和比特币价格的皮尔逊相关系数计算，检验了该指数构建的合理水平。如表 6.5 所示，该指数与比特币价格之间存在显著的相关性，说明在一定程度上刻画了其价格变化的风险水平。

6.5.2　数字货币市场风险指数的特征

1. 特征描述

通过分析数字货币市场风险指数的统计指标（表 6.6），未标准化的原始指标的最大值为 0.5083（2017 年 12 月 7 日），最小值为 0.0700（2016 年 3 月 7 日）。数字货币市场风险指数的均值为 0.1767，中位数为 0.1627，均值大于中位数，偏度和峰度也为正值，其中峰度数值相对较大。根据统计描述，数字货币市场风险指数呈现出整体右偏态势,这意味着数字货币市场中出现高风险的情况相对较多,并且容易出现极端风险。从图 6.2 中,也可以看到数字货币风险在 2017 年 12 月和 2020 年 3 月有两段风险呈现出异常高值的时段。

表 6.6　数字货币市场风险指数的描述性统计

名称	数字货币市场风险指数（未标准化）	标准化后
数量	1511	1511
均值	0.1767	24.3400
中位数	0.1627	21.1400
标准差	0.0562	0.0562
偏度	1.3451	1.3451
峰度	2.7969	2.7969
最大值	0.5083	1
最小值	0.0700	0

2. 趋势特征

本章利用 HP 滤波对数字货币市场风险指数进行趋势分析。该方法由 Hodrick 和 Prescott（1997）提出,最初用于分析国民经济中的经济周期和商业周期。运用 HP 滤波的原始数据是非平稳的时间序列,其过程相当于先将原序列进行差分使其变成平稳序列,然后再对差分后的数据进行非对称移动平均的平滑处理（Cogley and Nason,1995）。在平滑处理过程会对周期效应进行放大,弱化短期波动。该过程将通过分离长期和短期的波动值,消除短期波动的影响,提取出整个时间序列的长期趋势。

设有时间序列 y_t,由周期性趋势成分 g_t 和短期波动成分 c_t 组成,

$$y_t = g_t + c_t, t = 1, 2, \cdots, T \tag{6.13}$$

g_t 平滑程度是其序列的二次差分平方和, c_t 为 g_t 的偏差值,长期来看,均值为零。HP 滤波将 g_t 序列通过式（6.14）提取出来,

$$\min_{\{g_t\}_{t=1}^{T}} \left\{ \sum_{t=1}^{T} c_t^2 + \lambda \sum_{t=1}^{T} [(g_t - g_{t-1}) - (g_{t-1} - g_{t-2})]^2 \right\} \tag{6.14}$$

其中, λ 为一个正数,用于平滑趋势, λ 越大,整个时间序列的周期结果越平滑。

由于 HP 滤波过程中涉及选择 λ 指数对周期趋势项进行平减,在以往的文献中 Ravn 和 Uhlig（2002）对年度、季度和月度数据的 λ 取值有过详细的讨论,并给出了参考准则。Hodrick 和 Prescott（1997）的论文指出,整体平滑结果应该对选取的 λ 值不敏感,并且整体趋势保持一致。

对于日频数据，Weron 和 Zator（2015）通过对比小波分解和 HP 滤波的方法，证明对于日频数据来说，HP 滤波也可以有效分离趋势项和波动项。在其文中选取的 λ 值为 $5\times10^4\sim5\times10^7$，本章参考其取值，选取了多个不同数量级的取值，并结合 Ravn 和 Uhlig（2002）给出的大概原则，分别取 λ 为 5×10^4、5×10^5 和 5×10^6。

数字货币市场风险指数经过 HP 滤波后的结果见图 6.3 和图 6.4，图 6.3 是趋势项成像，图 6.4 为波动项成像。图 6.3 中灰色线条为原指数图像，三条不同的黑色线分别代表了不同的 λ 取值，图 6.4 中的三个图分别为不同 λ 取值的周期波动项。可以看出，虽然随着 λ 取值增大，整个趋势周期曲线呈现出更平滑的态势，但整体的趋势和变化并没有因为不同取值而产生不同结果，并且波动项也呈现出趋势一致的波动，因此整体结果具有一致性。

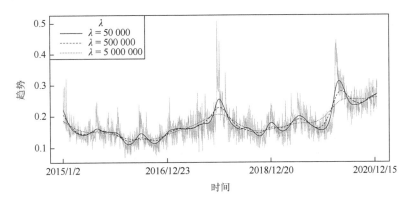

图 6.3　数字货币市场风险指数的 HP 滤波趋势图

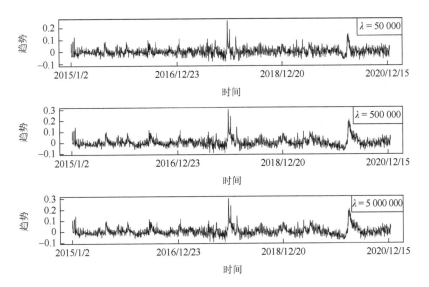

图 6.4　数字货币市场风险指数的 HP 滤波周期波动图

数字货币的风险水平在 2015～2016 年 5 月处于相对低位，自 2016 年 5 月开始发生一定的波动，但是整体还处于低位。自 2017 年开始数字货币市场的风险逐渐增加，在 2018 年 1 月达到第一个高点。随后风险水平有所下降，但整体来看，其风险水平波动性增加，呈现出增长的态势。在 2020 年 3 月，数字货币的风险水平呈现出激增的态势，在此之后虽然风险水平有所下降，但整体仍然处于高位。截至 2020 年 12 月 31 日，数字货币的风险水平虽然低于 2020 年 3 月时的水平，但从趋势项来看，却比 2017 年底和 2018 年初的数字货币热潮期间的平均风险水平高，并且仍然处于上升的阶段。

6.6　数字货币市场风险指数诠释

根据 6.5 节对数字货币风险指标的统计描述和趋势分析，已经看出数字货币的风险水平在所选数据样本期间内，经历了两次大起大落，并且呈现出整体增长的趋势。本节将详细阐述和分析数字货币风险指标发生变化的时点，并给出一定解释。

2015～2016 年，数字货币市场仍然处于萌芽期，大多数民众并不了解数字货币，对比特币等数字货币的投资行为局限于小众群体。比特币交易量数据在 2015 年 1 月中下旬和 2016 年 6～8 月增长较快，表现为成倍增长。但我们可以看到，在早期比特币交易量较低，因此绝对值的小幅增长即在数据上表现为高速的增长速率。结合比特币的价格曲线可以看出，在 2015～2016 年，比特币价格在 200～400 美元徘徊，2017 年 1 月之前，最高不过 1000 美元。自 2017 年 5 月以后，数字货币的价格才逐渐上涨，在 2017 年 12 月达到第一个波峰的高点，接近 20 000 美元一枚。

第一个数字货币的风险极值在 2018 年初，这一时段是数字货币从小众市场走向大众市场的时间节点。全球的数字货币市场迎来了空前的泡沫期，市场的活跃程度倍增，同时迎来新的融资方式——初次代币发行（initial coin offering，ICO），这种方式的出现给了数字货币市场活跃的机会，让新币种可以在门槛很低的情况下发行。这也给了投机者圈钱跑路的机会，导致很多数字货币的融资项目逐步被揭露为骗局，多种数字货币成为泡沫。这种泛滥的状态，叠加全球政策监管的逐渐收紧，如中国在 2017 年 9 月 4 日颁布了对初次代币发行的禁令，韩国要求数字货币交易实名制等，带来了数字货币市场的第一次高风险阶段。法律法规的出台让数字货币市场的监管空白逐渐被填补。这些政策的出台，对于用数字货币进行违法交易、偷税漏税的人或者纯粹的无政府主义者，都是一种行动加信念的冲击，逐步将市场风险一步步推到顶端。

在 2017 年 12 月～2018 年 2 月数字货币市场风险高位时期（图 6.5），其成交量相比于早期已经有所增长，但这段时间的交易量增速仍可以达到每日 30%～50%。特殊交易地址数量增长速度最快的阶段在 2017 年下半年，交易笔数增长最快的期间为 2017～2018 年，多日交易笔数的增长量达到 34%～60%。与此同时，谷歌对于比特币的搜索关注程度达到历史最高点，数字货币在 2017 年爆发期吸引了众多新投资者进入市场，推动了市场风险水平的提升。另外，在第一段风险高点，EPU 也有过不稳定，如在委内瑞拉经济危机、中美贸易摩擦等时间阶段。同时，数字货币市场与美国股票市场的收益率差值高点约为 19%，阶段的平均收益率之差约为 5%。

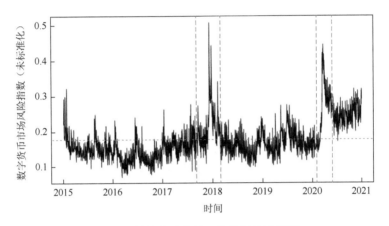

图 6.5 数字货币市场风险指标的诠释图

在 2018 年数字货币风波之后，比特币价格逐步走低，回归到 6000 美元左右，甚至在 2019 年上半年一度只有 3000 美元，与高位相比，其价格已经跌了将近 7 倍。整体市场相比 2017 年平静很多，但更多的群众接触到了数字货币。在这期间数字货币的风险水平基本回归到均值附近波动，没有明显外界事件及自身变化推动数字货币的风险水平上升（表 6.7）。

表 6.7 第一次高风险期间事件分析

日期	事件
2017.4.1	日本承认比特币为合法支付方式
2017.6	Bithumb 遭到黑客攻击
2017.8.1	比特币硬分叉为 BCH
2017.9.4	中国发布 ICO 禁令
2017.11	中国全面禁止人民币兑换数字货币服务
2017.12	芝加哥期货交易所和芝加哥商品交易所上线比特币期货

续表

日期	事件
2018.1 月底	韩国要求交易所实名制
2018.2	美国 SEC 频发风险提示

注：美国 SEC 表示 United States Securities and Exchange Commission，美国证券交易委员会

第二个主要风险点发生在 2020 年 2 月～2020 年 6 月（表 6.8）。在这段时间，全球暴发了新冠疫情。2 月中旬，欧洲以意大利、法国和英国为首，大规模暴发了新冠疫情，开启了封城之路。随后在三月，美国的新冠病毒患者数量也呈现出指数上升的趋势。在 2020 年 3 月 11 日，世界卫生组织正式宣布新冠疫情的全球大流行。正如在第 5 章所描述和分析的，全球在这段时间是多风险危机叠加的时间段，其中包括国际地缘政治（沙特和俄罗斯关于原油的纷争，导致石油价格暴跌，原油期货价格一度为负）、金融危机（全球金融市场受到新冠疫情冲击而造成剧烈的波动，美股历史性一周内熔断四次）、经济危机（由于新冠疫情的冲击，各国的失业率暴增，实体经济由于隔离受到重创，萎靡不振），以及数字货币自身的因素（如 BitMex 的比特币期货合约爆仓、比特币挖矿激励减半）等。在新冠疫情期间，整个市场的风险传染水平上升（具体参见第 5 章）。

表 6.8　第二次高风险期间事件分析

日期	事件
2020.2.20	欧洲新冠疫情正式暴发
2020.3.9	原油价格暴跌；美股第一次熔断
2020.3.10	比特币受到全球资产波动联动，风险激增
2020.3.11	世界卫生组织宣布新冠全球大流行
2020.3.11	美股第二次熔断
2020.3.13	比特币价格腰斩，交易量突破历史新高
2020.3.16	美股第三次熔断
2020.3.18	美股第四次熔断
2020.4.20	原油期货价格跌至负
2020.5.11	比特币产量减半

在 2020 年 1 月 1 日～2020 年 12 月 31 日，标准化后数字货币市场风险水平的平均数值为 41，而在 2020 年以前的风险水平平均数值为 21。截止到 2020 年 12 月 31 日，虽然时点风险水平低于样本期间的最高点，但通过趋势分析我们仍

可以看到，数字货币的市场风险水平呈现出上升的趋势，并且处于历史高位，比在新冠疫情之前数字货币市场稳定时期的风险水平高出一倍。

在 2020 年 3 月 12 日到 2020 年 3 月 25 日期间波动率是样本数据期间波动率最大的时间段，高波动性是数字货币风险骤然提升的主要原因之一。在第二个高风险阶段，特别是新冠疫情的集中暴发期，数字货币的交易量增长仍然达到了 39%（2020 年 3 月 12 日）和 37%（2020 年 3 月 13 日）。但是在此期间，特殊地址数量增长速度较慢。随着市场的逐渐成熟，越来越多的交易发生在现有地址之间，这意味着，可能市场活跃的交易者多为老投资者而非新加入的投资者。但由于比特币地址可以随意创造，也可能是由于大家的偏好问题，愿意使用熟悉的地址进行交易。在 2020 年中，比特币的谷歌搜索数量仅次于 2017 年的最高点。在 12 月底，谷歌趋势指数又一次向高增长，这也可以印证风险指数上升的趋势，以及 2021 年 1 月比特币价格重新突破价格新高的事实。对于 VIX 和 EPU 指数，在 2020 年 3 月和 4 月期间，恐慌程度以及全球的政策不确定性达到最高。历史研究表明，数字货币市场与 VIX 呈现出一定的关联性和风险传染（Corbet et al.，2018），比特币是具有一定对冲资产属性的。数字货币的风险不确定性也随着全球政策的不确定性的增加而产生波动（Wang et al.，2020），特别是在后疫情时代。疫情的冲击反而带来了市场的活跃，特别是在新冠疫情的大背景下，各国出台了经济刺激政策，以无限量化宽松的货币政策为首，使得市场上有大量热钱，在 2020 年下半年推动了全球股市与实体经济的脱离，形成虚高（Igan et al.，2020），这让数字货币市场成为新的逐利场、避风港。但数字货币市场的收益率与每股之差的绝对值在高风险水平阶段依旧达到了约 4%。另外，数字货币与黄金价格的相关性在 2015~2016 年极低，而在 2020 年则逐渐达到 30% 以上，呈现出新的趋势。这种新的高度相关性也印证了比特币与黄金属性的趋近，成为全球的又一具备避险属性的资产（Mariana et al.，2021）。

整体来看，数字货币市场风险增加的因素可能是：①来源于数字货币本身的炒作，此时数字货币自身指标值变化较大；②外界环境或事件刺激，那么这种情况下外界政策指标和市场恐慌都会提高，并且通常数字货币的收益率会脱离一般水平，表现出远远高于或低于一般权益市场的收益率；③如果是非数字货币领域的外界负面因素刺激，黄金价格与数字货币之间的动态相关性也可能呈现出异于平常的高相关性；④强烈的社会关注程度可能导致数字货币市场风险的上升。

6.7　数字货币市场风险指数的标准设定

为了增加数字货币市场风险指数的可操作性，本章通过对标准化后的数字货币市场风险指数分布的分析，选取了合适的警戒值，对其进行标准设置。

　　根据标准化后的数字货币市场风险指数的密度分布（图6.6），其25%分位数为22，中位数为50，75%分位数为78。为了让指数使用更加简便，提高指数的实用性，本节根据分位数的临界值按照风险低、中、高的标准进行划分（表6.9）。

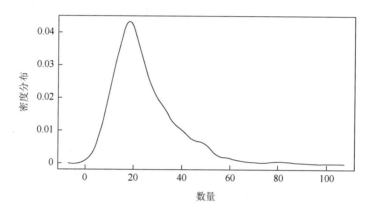

图6.6　数字货币市场风险指数的密度分布

表6.9　数字货币市场风险指数的密度分布

名称	标准化数字货币市场风险指数
25%分位数	22
中位数	50
均值	50
75%分位数	78

　　数字货币市场风险指数在20以下时，整个市场处于低风险区域；数字货币市场风险指数在20～49时，市场处于中风险；数字货币市场风险指数在50～79时，市场处于中高险，投资者应该合理注意其风险承受能力；该指标一旦超过80，则意味着数字货币市场的风险极高，需要警惕（表6.10）。

表6.10　数字货币市场风险警示标准

风险程度	标准化数字货币市场风险指数	措施
低风险	<20	无须过度关注
中风险	20～49	保持关注
中高风险	50～79	警戒线：根据风险承受能力进行调整
高风险	≥80	高度警惕：对市场风险保持高度谨慎

　　根据实际数字货币市场风险指数的时间序列图和密度分布图，该指数在现实中超过 50 的时间占比不到 1%，这就意味着，一旦指数到达中高风险的区域则数字货币市场可能面临潜在的高风险。通常高风险时期是从中高风险阶段陡然上升的，并且真正处于高风险的时间段通常较为短暂。因此在使用数字货币市场风险指数过程需注意，当指数达到 50 及以上时，就应当对市场给予高度关注。投资者应该在中高风险区提前适当地调整市场预期，并根据自身的风险承受能力及时对数字货币的持仓和预期进行调整，以保证自身风险暴露在可接受范围内，防止措手不及的高风险不确定性。因此，出于适用性考虑，在使用过程中，指数到达 50 时就应当给予风险警告，并在指数到达 80 时发出高度警戒信号。

6.8　本章小结

　　本章根据数字货币的现有文献和全书第 4 章、第 5 章内容，选取了四个可以代表数字货币市场风险不同因素的维度，包括数字货币自身特点、外部环境、关注程度及其他金融市场。根据这几个方面，本章设计并选择了九个指标，作为数字货币市场风险指数的原始数据。在赋权方面，本章根据不同指标间信息差异性和关联差异性，选用了四种客观赋权方法：变异系数法、熵权法、相关系数法和 CRITIC 赋权法。通过这四种方法，最终确定了九个原始指标的权重，合成数字货币的市场风险指数。

　　在样本数据期内，根据数字货币市场风险指数的结果，本章识别了两个高风险时段，分别为 2017 年中下旬到 2018 年初和 2020 年 3 月到 2020 年 5 月。第一次的高风险主要是由数字货币市场成长发展泡沫期造成的，第二次高风险源于全球新冠疫情的大流行。虽然在数据样本末端，数字货币风险相对最高峰有所下降，但整体仍然是处于中高风险区，并呈现出上升趋势。

　　本章为使用数字货币市场风险指数设定了合理的标准区域，包括低风险、中风险、中高风险和高风险。第一风险警戒线为数字货币市场风险指数达到 50 时，高度警戒线为数字货币市场风险指数达到 80 时。值得注意的是，数字货币市场的风险波峰并非连续不断的，而是从中低风险缓慢升入中高风险区域，然后发生风险激增。

第四篇　国家治理视角

第7章 私人数字货币的风险——以天秤币为案例

私人数字货币的出现，不仅逐渐形成新的资产类别，为金融市场带来巨大的风险，更是在某种程度上被视为法定货币的竞争选择，给主权国家及其货币体系带来了潜在风险。为了更加全面地理解数字货币的风险，本章站在国家治理的视角，选取天秤币作为私人数字货币的代表案例，对其发行和运作模式进行分析，从私人数字货币的运行模式中学习可取之处，并结合私人的发行部门探究其发行动机，深入地分析私人数字货币会给国家带来怎样的治理风险和挑战。

7.1 天秤币项目描述

最初版本的天秤币立志于打造"一套简单的、无国界的货币"，其采用区块链技术并致力于搭建"为全球数十亿人服务的金融基础设施"[①]。在技术上，天秤币将构建 Libra 区块链，采用许可型区块链技术，交易将通过中心化的联盟节点进行确认，一般使用者无权参与。在货币属性上，天秤币的内在价值将体现为它背后的资产储备。也就是说，每个新创建的加密货币，在天秤币储备中都有相对应的份额[①]。天秤币将采用一比一挂钩自定义式一篮子货币，其中包括银行存款和短期政府债券，旨在通过实物货币资产背书实现长期币值稳定。根据披露，天秤币的原始设计为一篮子货币背书模式，将以美元为主，占比 50%，其他货币包括18%的欧元、14%的日元、11%的英镑和7%的新加坡元[②]。天秤币储备中的资产将由分布在全球各地且具有投资级信用评价的托管机构持有，以确保资产的安全性和分散性。

天秤币创造了一个全新的货币支付商业模式，颠覆了以国家和银行为核心的体系。天秤币的重要组成伙伴分别为 Libra 协会、Libra 授权经销商、基础设施服务者、社群和底层用户。不同的角色在整个系统中承载着不同的业务活动。一是Libra 协会，它是一个总部设立在日内瓦的独立非营利性组织，协会最初的创始成员由以脸书主导的28家全球企业、非营利组织、多边组织和学术机构组成，但截至 2020 年 2 月，由于外界压力，协会成员锐减为 17 名。协会由三个部分组成，

---

① 《了解 Libra》，https://n2.sinaimg.cn/tech/7d78cbe7/20190618/LibraWhitePaper_zh_CN.pdf，2023-10-11。

② 《Facebook 公布天秤币法定货币篮子支持比例 美元占得首位拿下 50%》，https://ishare.ifeng.com/c/s/7qD3VkaG1O8，2019-09-23。

分别为理事会、董事会和社会影响力咨询委员会，三者形成代表、监督和资源转化的相互关系。Libra 协会承载着重要的管理职能：①协会成员共同对网络管理和储备管理制定决策，职责包括设立、招募、选择协会成员，推行和运营天秤币项目，协调各方利益相关者等；②管理 Libra 区块链开源项目，其中主要负责管理开源社区贡献者社群，为他们提供指引和研发标准，以此促进 Libra 区块链在技术上的可行性；③负责管理天秤币储备，天秤币储备将全权由 Libra 协会进行管理，只有 Libra 协会能够制造和销毁天秤币。二是 Libra 授权经销商，它是与 Libra 协会直接对接的组织，可以向协会投入法定货币以购入天秤币，从而对底层用户进行货币下放。三是基础设施服务者，用户将通过天秤币系统中提供的软件参与到天秤币生态系统中，如钱包。值得注意的是，脸书为了天秤币项目，单独成立了一家名为 Calibra 的子公司，旨在对天秤币提供必要的金融业务支持。Calibra 将推出官方数字钱包嵌入天秤币的主要使用场景，如 WhatsApp、Instagram、Messenger 等社交媒体软件中。四是社群，由爱好者自愿组成，将联合协会负责开发和完善 Libra 区块链的技术问题。五是底层用户，可以通过法定货币、服务或者产品交换得到天秤币，利用天秤币进行支付、汇款和结算等，使用范围不会受到 Libra 协会的限制。

天秤币为底层用户提供了一种替代的支付方式，在法律允许的情况下可以实现价值储存、支付、国际汇款等法定货币的功能，在极大程度上避开了国家对资金的管理和管控，现行金融系统的制定者在天秤币的运作模式上严重缺失。Libra 的新商业模式突破了行业的既定假设，用数字货币重新定义了货币的发行和流通模式，构造了新的生态系统，形成以 Libra 协会为主导的中心，挑战了现有金融生态系统（表 7.1）。因此全球各国对天秤币的反应较为统一，大部分国家持有保守而严谨的态度，对其在本国的发展施加压力。

表 7.1　Libra 商业模式介绍

利益相关者	价值创造	创新点	修订和增加
Libra 协会	设立、招募、选择协会成员，推行和运营天秤币项目，管理 Libra 区块链开源项目，规划技术路线，管理天秤币储备	形成新型利益集团治理模式，利用协会成员的现有业务发展天秤币	**取消分红机制；控制总节点在 100 个以内**
Libra 授权经销商	投入法定货币以购入天秤币，从而对底层用户进行货币下放	类似于现有货币系统中银行的角色，数字货币系统中新的发放渠道	—
基础设施服务者	提供连接用户与天秤币的软件设施，储存天秤币	脸书成立 Calibra，为其原有业务增加数据来源	**FATF；LIBRA 协会批准的虚拟资产服务提供商；没有再对 Calibra 进行说明**
社群	联合协会负责开发和完善 Libra 区块链的技术问题	利用区块链的开源性，引入更多参与者	—

续表

利益相关者	价值创造	创新点	修订和增加
底层用户	使用天秤币，开拓天秤币的全球市场	—	**未托管钱包的用户将受限**
金融情报职能部门	**链上到链下建立合规性控制建立 KYC、AML、CTF 的合规框架**	**积极地与各国监管机构合作，开展合规业务,便于后续推广**	—

注: KYC 表示 know-your-customer,了解你的客户, AML 表示 anti-money laundering,反洗钱; CTF 表示 counter terrorism financing, 反恐融资

在 2020 年 6 月新发布的白皮书上，天秤币的架构进行了一些修订（在表 7.1 中新白皮书中相较原白皮书增加的部分字体已加粗），主要集中修订了合规领域问题，对很多具有争议的组织架构设置做出调整。在 Libra 协会下面，新设置了金融情报职能部门，该部门的主要任务就是对合作方、用户数据，以及天秤币使用情况进行监督和管理，建立 KYC、AML 和 CTF 的合规框架，积极地配合各国监管机构，进而实现链上到链下的合规性控制。

7.2　天秤币与其他数字货币的对比研究

本章根据文献综述部分的描述，选取国际货币基金组织 2019 年发布的《数字货币的崛起》中对数字货币的分类，认为天秤币是 i-money 的一种，其发行主体为私人机构，且有一定的储备资产作为背书。为了更好地对当下发展阶段中不同种类的数字货币有更好的理解，进而评估其所带来的风险和影响，本章选取央行数字货币、比特币、USDT 与天秤币作比较。在央行数字货币种类中，本节选择以我国央行数字货币为例，从五个方面进行对比，其中包括发行主体、价值属性、技术手段、流通机制，以及主要应用场景。比特币以其开创性理念成为数字货币之首，它创造了工作量证明机制的区块链，属于物权型加密货币。央行数字货币代表了下一步国家选择应对数字货币的战略方向。我国央行数字货币的研究处于国际前列，于 2019 年 6 月公布了央行数字货币的预设方案。USDT 是来自私人主体发行的价值稳定币，属于 e-money 的一种，在数字货币市场应用广泛。

通过对比（表 7.2），可以看到天秤币在发行主体、技术手段与流通机制上与央行数字货币有异曲同工之妙。第一，两者同为单一发行主体。虽然 Libra 协会由不同组织联合成立，但无论是从成员选择、构成机制还是技术支持上，脸书作为发起者在一定程度上具有绝对权力。脸书可以通过一系列对成员的筛选，最终选取符合自身利益的联盟主体，并通过其子公司 Calibra 获得天秤币部分数据的掌

握权。因此可以根据实质形式将其定位为单一发行主体。第二，两者均采用中心化机制，无论是技术手段还是发行方式，个体数量少的联盟链和私有链均具有极高的中心性。第三，在流通机制上两者均采取二元制的模式。天秤币以脸书为主构成了 Libra 协会的核心，就好比中央银行之于全国金融系统的地位；Libra 协会下设的经销商，就好比央行下设的商业银行；Libra 协会成员的资金缴纳，就好比商业银行在央行的存款保证金。除此以外，天秤币与 USDT 的主要区别在于价值属性的资产背书和所使用的区块链。同种法定货币背书意味着在各方结算、交易和支付过程中，仍将根据现有的国际金融秩序，任何交易主体使用 USDT 的风险和收益与使用美元高度一致，使用 USDT 的主要原因是对稳定价值和支付便捷性的同时需求。天秤币的一篮子货币资产准备金模式将为用户带来新的使用动机，如降低外汇风险，利用天秤币在不同国家的交易比率进行投机等。比特币区块链的交易数据是完全公开的，虽然 USDT 发行方为 Tether 基金会，但交易数据却储存在公链上，Tether 基金会实际上并不拥有交易数据的所有权。天秤币使用自身搭建的联盟链，其交易数据的可得性与公有链有极大区别。在联盟链成员较少的情况下，交易确认过程仍然存在中心化交易所带来的第三方风险，且不具有公开性、透明性等。关于链上经济的应用场景，虽然 USDT 与天秤币同样具有支持中小企业实现链上生态系统融资、交易、结算和扩张的应用场景，但由于 USDT 自发行之初主要用于交易所的币币交易，并且不存在大型科技公司的背书，经过各国法律法规上对数字货币的严厉打击后，USDT 目前主要的应用场景仍局限于交易所中的币币交易，用于取代美元作为计价单位。因此其潜在与天秤币相似的应用场景难以取得突破性进展并形成规模。反之，天秤币与比特币的相似点最少，除了同样采用区块链技术外，在比特币身上所宣扬的去中心化概念所剩无几。

表 7.2　天秤币与其他主流数字货币的对比

维度	天秤币	央行数字货币	比特币	USDT（稳定币）
发行主体	Libra 协会 一篮子货币背书	政府/央行	无	Tether 基金会
价值属性	单一法币资产抵押模式发行 单币种稳定币的数字合成品	国内价值稳定	根据市场供需调整 价值波动	1∶1 美元准备金 价值稳定
技术手段	Libra 区块链 联盟链	未预设技术路线 国家内部结算 联盟链或私有链	比特币区块链 公有链	多个公共区块链（包括比特币区块链、以太坊区块链、波场区块链等）
流通机制	根据授权经销商的需求来制造和销毁天秤币 区域隔离，不提供兑换服务 中心化	双层运营体系，账户以松耦合的方式投放 中心化	2100 万枚固定数量 由"挖矿"产出 去中心化	根据使用者购入和卖出进行发行和销毁 USDT 中心化

续表

维度	天秤币	央行数字货币	比特币	USDT（稳定币）
主要应用场景	全球交易支付链上经济 *央行数字货币之间的 桥梁*	现金替代品 交易支付 国内结算 （未来）国际结算	交易支付 投资	交易支付 链上经济

注：斜体为新版修订模式

根据对比分析，天秤币并没有在数字货币技术或应用场景上实现颠覆性创新，其主要创新点是在管理方式和发行结构上的变化，它打破了以往数字货币单一货币锚定的设置，创造以联盟形式对数字货币发行、销毁和管理的机制。天秤币的另一区别是发行主体，相较于其他私人主体发行的数字货币，脸书公司作为全球最大的科技公司之一，在社交行业占有重要地位，它的影响力远远超过以往任一数字货币发行主体的影响力。在如此庞大的科技企业集团支持下，天秤币的发行将带来更深刻的影响。很多关于天秤币的争议，也正是源于它在发行管理上的创新设计，以及它在脸书影响下将带来其他数字货币未能实现的、范围更广泛的、影响更深刻的社会挑战。

2020 年 4 月，天秤币协会发布的 2.0 白皮书，对天秤币的最初设计进行了大幅调整。其中，争议最大的"一篮子"货币背书模式（表 7.2），在各国政府、监管机构以及 Libra 协会的协调中，被修订为单一法定资产抵押模式发行。也就是说，在美国是 Libra 美元，在英国是 Libra 英镑。在没有发行天秤币的国家，当地用户如果想使用天秤币数字货币，则使用天秤币本币。本币是一种由各个国家单币种稳定币的数字合成品，其币值具备一定稳定性，但也会存在汇兑风险，并且 Libra 协会进一步表明了配合监管部门的决心，流通机制采取区域隔离，不为用户提供不同货币之间的兑换服务，增强了整体的 AML、KYC 机制，对不合规的用户会进行账户限制等措施。在新更改的框架中，天秤币由原来类似于央行数字货币的发行模式，转变为更像一般资产背书的稳定币发行模式。但值得注意的是，由于天秤币可能将是第一个在多地区由多种法定货币背书的数字货币，其有潜力成为未来各国央行数字货币交易的桥梁。

7.3　Libra 的发行动机

7.3.1　脸书对商业模式转型及创新的需求

2018 年一系列重大事件严重影响了脸书的发展，其中包括剑桥分析（Cambridge Analytica）事件、欧盟推出《通用数据保护条例》（General Data

Protection Regulation，GDPR）、未授权数据共享丑闻，以及公司内部人员变更等。这些事件导致脸书市值大幅缩水，下跌超过历史最高值的 40%[①]。不仅如此，脸书的社交业务发展也遭遇了瓶颈期。2018 年脸书用户增长率下降，北美用户数量增长停滞，由于《通用数据保护条例》的实施，欧盟用户数量首次减少[②]。面对主营业务的发展局限，脸书公司需谋求新的业务增长点，尽快实现商业模式的转型，为股东创造更多价值收益。

　　脸书商业模式的本质是通过给用户提供免费服务来换取用户数据，利用用户数据刻画用户画像、分析用户行为，赚取广告费。脸书的营业收入极度依赖广告推广，占总营业收入的 90% 以上，仅有不到 10% 的收入来源于支付业务[③]。目前，人们的数据保护意识越来越强，如果脸书在数据可得性上丧失了主动权，那么它的商业模式将会遭到毁灭性打击。一方面，天秤币的推出可以让脸书不仅获得社交网络数据，还获得身份信息、交易数据、消费习惯等。这一优质的数据资源方便了脸书公司给商户提供更精准的广告服务。另一方面，为了扩展自身业务，使收入来源多元化，降低对广告收入的依赖，增加在支付行业的市场份额，拓展竞争领域，增加抗风险性。脸书选择在 2019 年发布天秤币白皮书是在一系列不利因素叠加情况下必需的选择，是对自身战略调整的一种方式。

7.3.2　脸书对长远战略发展的铺垫

　　脸书还可以在天秤币的助攻下拓展新的市场。目前社交行业的用户数量增长缓慢，接近饱和。脸书的年报数据表明，其在发达国家的增长已经进入瓶颈期，未来的增长点将集中在亚太及其他发展中国家和地区。在发展中国家和地区，社交媒体不再是最好的敲门砖，发展契机在于金融市场。传统银行和金融基础设施不完善，参与门槛较高，难以对中小企业和不在金融体系的个体用户进行风险评估，导致许多居民和企业无法享受相应的金融服务。相较之下，在银行业竞争力较弱的司法管辖区，大型科技公司的金融信贷业务成本较低，对借贷者更具吸引力，高利润也使得大公司更愿意进入市场参与竞争（弗罗斯特等，2019）。脸书以全球用户为基础，利用数字货币的网络外部性（姚前和陈华，2018），仿照阿里巴巴芝麻信用和腾讯微众银行的商业模式，实现为中小企业和偏远地区个人提供小

---

　　① 《扎克伯格众议院听证会实录完整版：再次重申 FB 不卖数据》，https://tech.qq.com/a/20180412/022274.htm，2018-04-12。

　　② 《Facebook Reports Fourth Quarter and Full Year 2018 Results》，https://investor.fb.com/investor-news/press-rele ase-details/2019/Facebook-Reports-Fourth-Quarter-and-Full-Year-2018-Results/default.aspx，2019-01-30。

　　③ 《Facebook Reports Third Quarter 2019 Results》，https://investor.fb.com/investor-news/press-release-details/ 2019/Facebook-Reports-Third-Quarter-2019-Results/default.aspx，2019-10-30。

额信贷服务，继而拓展更多金融业务，快速进入新兴市场，摆脱对北美和欧洲市场的高度依赖。

以脸书为中心努力实现更全面、更庞大的生态系统。脸书在发行天秤币时，没有选择单独发行，而是以联盟方式集结了一批国际上知名的行业领袖共同管理。这一战略不仅可以利用其他企业的渠道为天秤币快速打通市场，还将更多企业纳入到脸书领导的生态系统，增强了脸书的影响力。如果全球各国企业对天秤币都持有认可态度并大力推广和使用，最大赢家和获利者将是脸书及其联盟。

7.4 天秤币带来的主要风险与挑战

天秤币的推出会带来巨大的社会变革。本章站在国家层面从三个角度出发分析了天秤币带来的影响：第一，天秤币的超主权性质与复杂的组织设定对法律法规的挑战；第二，天秤币涉及的数字石油争夺战；第三，脸书对主权货币的挑战。这三个方面从浅到深反映了为什么全球各国，甚至美国作为天秤币发行潜在的获利国都难以对天秤币持有积极态度的原因。

7.4.1 对现有法律框架的挑战与风险

天秤币的推出对金融监管形成挑战并引起极大争议。从各国的官方表态来看，天秤币的法律越界成为各国阻挡其推行的重要因素。第一，天秤币的发行将会为违法交易提供便捷通道。研究显示，随着人们对数字货币的认识加深，利用比特币进行违法活动的比例不断下降，但在过去的十年里，比特币交易的46%都涉及违法活动（Foley et al.，2019）。天秤币作为数字货币与比特币具有类似的使用特征，游离在传统金融监管之外，在 KYC 和 AML 条例的规定上缺少严格的执行标准。尽管 Calibra 钱包将进行身份认证，但开源软件难以控制其他应用服务者对法律的遵从力度。第二，天秤币的属性以及监管主体问题。天秤币到底是货币、证券，还是支付手段，在现有法律框架内，即使像美国这样法律制度较为健全的国家也难下定论。除此以外，关于 Libra 协会的性质也十分难以定义。协会到底是属于需要牌照的金融机构，还是普通的行政管理机构？天秤币多方面不确定的属性，导致监管主体难以在谁负责对天秤币进行注册和管理上达成共识。天秤币在结构和治理方面进行了创新，但也挑战了现有的法律秩序，留下了法律空白。

许多人认为天秤币需要按现有规章制度的要求进行调整，将目前阶段尚存疑惑的部分逐步修订成符合法律监管的模式。本章认为，一方面天秤币需做出调整，另一方面是天秤币对现有法律框架的挑战，以及法律是否应做出必要的修订。两者的关系不是谁遵从谁，而是相互调整修订，共同适应当今社会发展创新的过程。在白皮书宣布不久，针对脸书和天秤币，美国参议院提出新的草案——《让大型科技公司远离金融法案》（*Keep Big Tech Out of Finance Act*）和《2019 年稳定币即证券法案》（*Managed Stablecoins are Securities Act of 2019*）。同时脸书也在一篮子货币的设定上表达了可以商量的态度。无论结果如何，天秤币带给世界的是数字货币与法律的斡旋，意味着新兴事物的创新与传统社会的建设相互适应、协调发展并希望被接受的过程。

总的来看，虽然合规因素是脸书在各国推行天秤币的重要考虑因素，但只要各国没有完全封堵天秤币，法律因素就只是阶段性的。在 2020 年 4 月天秤币新发布了 2.0 白皮书，这是自 2019 年 6 月天秤币宣布发行后，将近一年中与各国政府及监管机构协商沟通完毕后的成果。天秤币计划在 2021 年发行以单一美元为锚定物的稳定币，但具体发行时间和流程仍需监管机构批准。事实证明，天秤币虽然对全球法律框架进行了多维度的挑战，天秤币也根据监管机构的要求对其蓝图进行了大幅调整。这是私人数字货币和各个主权国家共同努力的结果，是一个创新管理和监督体系相互调整与相互磨合的过程。

7.4.2　对数据主权的挑战与风险

随着智能设备的普及，整个社会成为数字信息的载体，人们也随之成为数据生产工厂，成为不同组织进行大数据分析的试验田。数据之于国家，成为获取权力的必要手段（Castells，2007），合理地利用数据也是国家有效治理的基础。天秤币的超主权性质将让脸书能够打破国家之间数据不互通的现状，破除信息孤岛。联盟链意味着数据外部的不可得性，这与 USDT 和比特币有着巨大差异。一旦天秤币通过社交网络在全球广为使用，脸书将可以结合社交及交易信息，对用户进行全面刻画，获得垄断性数据。

因此，天秤币的发行不只是数字货币使用的问题，还将是脸书垄断性、全方位、国际化数据占用所带来后果的问题。首先，数据的高度集中垄断会带来信息不对称，存在逆向选择和道德风险。例如，脸书将 5000 万名用户信息泄露给了剑桥分析公司，在 2016 年美国总统大选中通过数据分析，把大选信息以用户喜爱的方式渗入社交网络，改变用户心理，操纵人们意愿，影响选举结果[1]。长期可能破坏公平竞争的环境，损害消费者利益，影响经济市场发展秩序。其次，天秤币可能削弱国家对数据等方面的管理和控制权，打乱国家治理秩序。在数字时代，国

---

[1] 《第三方非法保留 5000 万用户数据？Facebook 再陷操纵美国大选丑闻》，https://international. caixin.com/2018-03-19/101223091.html，2018-03-19。

家治理、国防安全、民生设计、金融市场等发展都离不开数据的支持。天秤币推行后，脸书及其利益集团则会在网络上拥有更大的影响力，产生新模式的领导力，形成与政府谈判的权力，造成政府在国家治理和民生发展上的被动局面。例如，对于小微贷款、国际资本流入流出、社会消费品零售总额等数据的不完全掌握而造成的宏观调控问题。数据垄断小则造成数据信息的滥用，大则可能降低市场效率，扰乱市场秩序，影响国家发展。一旦丧失对数据的控制权，人们会不知不觉地陷入"个性化定制"世界，丧失客观认知的条件，无法摆脱以私人利益为导向的操纵；而政府也会由于数据匮乏，无法起到有效治理国家、推动发展的治理作用，这是任何一个国家都不愿看到的结果。

7.4.3　对主权货币的挑战与风险

一篮子储备资产的设定赋予了天秤币超主权货币的潜在性质。天秤币的资产储备机制与国际货币基金组织的特别提款权（special drawing right，SDR）有相似之处，可以把天秤币的一篮子货币看作 eSDR（electronic special drawing right，电子特别提款权）。国际货币基金组织根据每年国际贸易结算量来设定 SDR 的配比，而天秤币背后一篮子货币标准并未披露；国际上 SDR 仅可用来偿付国家贸易逆差和对国际货币基金组织的贷款，这是国家之间的业务结算，而天秤币还可以用于个人及企业层面交易。在原始的天秤币设计中，天秤币资产储备中美元占据主导地位，占比高达50%。这种没有根据的一篮子设定和无限制的适用范围，可能会导致天秤币在一些地区的需求大于供给，某些大量使用天秤币的发展中国家美元储备不足，让当地货币美元化。目前，国际上美元在全球贸易计价和结算的比例为40%。如果天秤币成为广泛使用的数字货币，美元的地位可能会在全球得到提升。因此，有很多学者评价天秤币是美元霸权的延续[1][2]。在其他地区也可能造成被纳入天秤币一篮子的货币的需求量增加，导致其在全球的影响力提升，而未被纳入一篮子的货币将被逐步边缘化，丧失国际地位。

经过修订后的天秤币会根据单一资产锚定发行数字货币，但即使如此，我们仍然需要对天秤币给予足够的重视。天秤币虽然以当地货币作为储备资产进行抵押发行，但是仍然拥有多地区发行的权力。长远来看，各国将发行央行数字货币，对于国家体量较小、货币流通程度较低的央行数字货币，可能在全球范围内无法进行流通，其运作模式将与现行货币体系类似，需要某种中介币种。目前，世界

---

① 《朱民：天秤币 Libra 可能带来的颠覆》，http://finance.sina.com.cn/zl/china/2019-09-23/zl-iicezueu7822307.shtml?cref=cj，2019-09-23。

② 《专访龙白滔博士：数字资产交易所的万恶之源就在于控制用户的账户》，https://finance.ifeng.com/c/7ftft1xsllP，2018-09-03。

货币体系以美元体系为核心，而近年来，美国的量化宽松政策超发了大量美元，美元的"薅羊毛"行为及美元霸权行为引起了全球的不满。在这种背景下，以联盟模式发行的私人数字货币天秤币仍然有潜力作为各国央行数字货币的桥梁，其在第二版白皮书中也多次提到"央行数字货币网络集成"的概念，进而形成新模式的数字货币体系，成为仍然以美国为核心主体背书的"类央行"模式。

7.5　天秤币的结局

天秤币的推行是全球大型科技公司站出来挑战法定货币的一次实验。但就目前阶段而言，尽管各国对待数字货币、加密货币的使用态度不一、行动不一，但在面对有潜在威胁的全球性替代货币仍具有相对统一的观点。数字货币的合规化始终是发行方的一道门槛，也是最重要的基本因素之一。

天秤币一经推出就被全球的各监管机构以影响金融稳定、数据存在泄露、对法定货币造成挑战等原因拒之门外，随后其最初的合作伙伴也陆续退出以求自全。2020 年 12 月 Libra 更名为 Diem，Calibra 钱包更名为 Novi，整个项目的推进面临重重困境。脸书公司在 2021 年 10 月，将公司名称从 Facebook 改为 Meta，集合虚拟世界、数字经济、加密货币等概念引爆了"元宇宙"世界。尽管如此，天秤币项目最终也没能摆脱中道崩殂的命运。2022 年 2 月 1 日，Diem 协会发表声明称，尽管 Diem 的网络设计取得了积极的进展，但通过与联邦议员的对话可知，项目已经无法继续推进了。也就是说，整个原始项目因为监管的要求，无法再按照蓝图继续布局了。在这份公告中也表示，Diem 项目以 1.8 亿美元左右的金额出售给了美国加利福尼亚州的一家银行——Silvergate Bank，报告表示后续该项目将投入区块链的使用来建设一个普惠支付系统。

7.6　本 章 小 结

本章以天秤币为案例，深入分析了私人数字货币，特别是超主权数字货币发行的风险。本章主要回答了三个问题：第一，为什么脸书要推行天秤币；第二，为什么天秤币会受到各国政府的一致反对；第三，私人数字货币给主权国家带来了哪些风险。脸书在丑闻和危机下，推出天秤币不仅是为了满足公司对商业模式转型与创新的需求，更是为了优化数据获取渠道，以实现其开辟市场、拓展业务长远战略规划的第一步。站在国家角度来看，天秤币之所以受到各国乃至美国政府的反对，是因为天秤币为违法犯罪活动提供了便捷通道并给现有法律框架带来了巨大的挑战。在当今数字大潮蓬勃发展的时代，天秤币将帮助脸书打破信息孤岛困境，带来垄断性、全方位、国际化的数据，这将带来严重的信息不对称性，削弱国家对数据等方面的管理和控制权，打乱目前的治理秩序。同时，天秤币的出现象征着私人组织对国家权力的挑战，在未来有可能削弱主权货币的地位，进而造成主权货币所有国在国际上的影响力下降，话语权减少，应对经济和金融危机的能力减弱。无论是国内还是国外，私人发行的数字货币面临着较高的监管门槛，法定货币仍然具有不可动摇的地位。但我们仍然不能忽视私人货币的快速发展，要深刻认识到其带来的风险，通过正确的引导，形成有利于科技发展、基础设施建设等方面的产品和服务。

第8章 数字货币治理模式研究

科技的发展和普及让数字经济成为 21 世纪发展的着力点。数字货币的发行和设计成为数字经济、金融科技等领域的热点话题。数字货币从无到有，从监管空白到各国逐渐发力，逐渐走向成熟，成为全球新经济、新金融的重要组成部分。积极开展对数字货币的治理研究，有助于我国抓住时代机遇，完善数字化货币的建设，向全面数字经济迈进。无论是私人数字货币还是法定数字货币，我们都需要对其进行正确的风险认知并合理管理和治理，在严格控制风险水平下，把握其中的创新机会，这为我国实现央行数字货币治理做出理论和现实铺垫；积极参与数字货币的治理，也能促进全球建设包容的、集成的数字货币系统，为新时代经济、金融打开通道，实现更好的全球化互联互通。

本章根据现有文献和各国的监管情况，提出了数字货币在主权国家的四种治理模式，更好地刻画了不同国家在数字货币治理方面的风险承受能力与驱动力的治理框架。同时，本章也关注央行数字货币，对其现状及发展趋势进行分析，结合我国数字人民币的情况，进一步探究了我国央行数字货币的治理优势。

8.1 数字货币的四种治理模式

数字货币的发展并非一成不变的，其在各个阶段所遇到的机遇与风险也在不停变化。每个国家对新兴事物的治理模式也并非一成不变的，而是随着时间的推移，随着市场的变化而不断调整。

本章根据各个国家面对的主要驱动力，以及对新兴事物的风险接受能力，提出了四种不同的治理模式（图 8.1），分别为：①自由式治理模式；②管家式治理模式；③强硬式治理模式；④封闭式治理模式。这四种治理模式反映了不同国家，或同一国家在不同时点对数字货币的治理模式，体现了在不同风险暴露下，国家治理模式的转变（管辖区内个人及私营部门对数字货币的态度，不在构建框架考虑范围）。

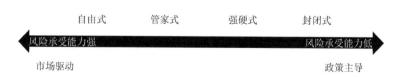

图 8.1　数字货币的四种治理模式

在自由式治理模式中，政府的监管和领导并非主导因素，主要推动发展的驱动因素为市场需求和市场供给，并且政府对新兴事物的风险承受力较高。在这种治理环境中的个体及企业，拥有较高的自由度，但与此同时也需要根据市场的机遇和挑战主动调整战略（Linkov et al.，2018）。这种治理模式是从底部向上的治理方式，政府持有开放包容的态度，但这并不意味着国家任由数字货币肆意发展，而是在必要之时，出台政策对其进行规范化，更好地促进市场发展，出台监管措施主要是为了满足市场中的监管需求。在这种治理模式下，国家需要承受新兴事物的弊端给社会带来的负面影响。

在管家式治理模式中，政府旨在通过主动管理的模式，为数字货币提供一个较为友好的发展环境。相关政策出台不会一蹴而就，更多是渐进式的，不会因为某个法律法规而导致数字货币的发展方向产生大幅变化。政策的导向是将其引导到更加积极的方面，而非直接禁止或者去设置门槛阻碍其发展。在这种环境下的发展主体，会得到较好的政策保护，有一定的自由度。管家式治理模式相较于自由式治理模式，政府采取了更加积极主动的方法，而非顺水推舟、顺其自然的模式，更多的是积极推动其发展。这种治理模式的国家承受风险的能力要弱于自由式治理模式的国家，但其市场所面临的风险，会在国家引导政策中体现出相对较好的秩序。

在强硬式治理模式中，政府对待新兴技术会采取相对谨慎小心的方式，更多可能会关注于风险而非机遇。因此在强硬式治理模式下，国家可能会采取某些较为激进的方式去规避风险，保证原有系统不受新兴事物的挑战。相较于管家式治理模式，这种治理模式更加保守，对于原有社会制度和秩序的保护更加稳健，不愿去承受过多的风险而贸然接受新兴事物，但同时可能因为过于强硬的政策导致部分创新受到阻碍。但这种模式的好处是在保护了原有系统的同时，并非完全禁止新兴事物，而是为未来的发展留下了调整的可能性。处于这种环境下的主体，面临较高的政策风险，存在一定的市场机会，但可能会有某些方面的限制。

在封闭式治理模式中，国家会采用最直接的方案禁止任何新兴事物的发展，把自身的系统完全保护起来，采用闭环管理。对于数字货币来说，就是直接认定其是违法的，禁止一切相关活动。这种治理模式很可能会让该国家完全丧失新兴事物所带来的机遇，处于被动和跟随的状态，当然也几乎不会受到新兴事物的风险冲击。

这四种不同治理模式并不是渐进式的、有先后顺序，或者一蹴而就的。虽然四种模式特点各不相同，但在不同治理模式之间的过渡并没有清晰界定，特别是自由式到管家式，以及管家式到强硬式的过渡很可能随着新兴事物的发展而发生自然转变。因此，每种治理模式都可能因为治理态度的改变、政策的出

台而发生变化，它们之间是可以相互转化的。在应用层面，不同治理模式可能
共存。如果我们把数字货币看作一个单一的事物，某一治理模式的存在则意味
着另一种模式的不可并存性。然而，在对数字货币进行分析的时候，我们发现
数字货币并非只具有单层理解，其囊括了多方面，如技术层面、应用层面、金
融市场层面等。因此各个层面的治理模式可能存在有差异的导向，因此四种治
理模式有共存的可能性。

8.2 数字货币在中国的发展阶段

第一阶段：2008 年至 2013 年 11 月。

自 2008 年比特币诞生到 2013 年 11 月，是数字货币在我国的萌芽期。中本聪
创造比特币的初心是为了解决支付过程第三方的信任问题，其是一个点对点电子
现金系统（Nakamoto，2008）。在这个阶段，比特币承载着赛博朋克的乌托邦之
梦，加密货币被视为现有系统的替代货币（Grinberg，2012）。

在这一阶段，毫无规则的市场给了数字货币在中国发展的机遇。一群人很快
发现了数字货币在商业和技术上的潜力，中国成为孕育数字货币的摇篮。在
2011 年 6 月，中国首家数字货币交易所——比特币中国（BTC China）成立。很
快，该交易所成为继 Mt.Gox 之后全球最大的交易所。Mt.Gox 是位于东京涩谷的
比特币交易所，在 2013 年和 2014 年，该交易所经手处理了超过 70%流通的比特
币，但由于多次被黑客攻击，于 2014 年破产。2013 年 1 月，全球第一个比特币
专用的 ASIC 矿机——阿瓦隆（Avalon）由杭州嘉楠耘智信息科技有限公司（简称
嘉楠科技）研发而成。比特大陆（Bitmain）于同年成立，成为现在世界上最大的
加密货币矿机公司之一，开发的比特币矿池占据了整个比特币挖矿市场的半壁江
山。在 2013 年的四川芦山大地震中，李连杰发起的慈善组织壹基金（One
Foundation）公开支持比特币捐款，最终收到了数百个比特币的捐款，按照当时的
价格折合人民币约为 20 万元。与此同时，我国也有一些大企业宣布接受比特币作
为支付手段，如百度、淘宝。

比特币在早期的应用仍然集中于支付功能，如捐款、企业支付等。在当时，
数字货币的价格并不高，市场波动明显，用其作为投资工具或者认为其有价值潜
力的人少之又少，投机者数量相对有限。因此早期的比特币虽然没有得到广泛的
认可，但还没有完全脱离点对点支付系统的设计理念。

在这一阶段，中国对数字货币没有任何管制，是相关产业肆意生长的最佳时
期。虽然没有出台相关法律法规，但我国政府已经开始对这一新兴事物进行了关
注。甚至时任中国人民银行副行长易纲表示比特币"很有特点"，具有"启发

性"，并表示"个人会保持长期关注"的态度；但同时也表明，中国近期不可能承认其合法性①。在这一阶段，我国政府对比特币持有观望的态度，并没有很快做出结论。对于一般大众来说，数字货币仍是非常陌生的概念，能够真正接触到数字货币的人数极少，主要集中在少数计算机技术研究者、比特币狂热者以及部分发现商机的群体。

第二阶段：2013 年 12 月至 2017 年 9 月。

中国有关部门于 2013 年 12 月 5 日发布了第一个关于数字货币的法律法规——《关于防范比特币风险的通知》。该法规由我国中央银行为首的五部委联合发布。自此，数字货币在中国自由发展的时期告一段落。该通知指出，比特币不具备货币属性和货币的合法性，因此不能且不应作为货币在市场上流通使用。该规定还禁止金融机构和支付机构直接涉足加密货币，包括接受比特币作为支付结算工具、保险服务以及开展对比特币与人民币之间的兑换服务等。国家有关部门已经意识到市场上利用比特币洗黑钱和非法交易等行为，要求对提供交易和兑换服务的机构依法履行身份核实和反洗钱监管。但与此同时，该通知将比特币定义为虚拟商品。

在该通知出台后，之前宣布接受比特币作为支付手段的公司立即暂停了该举动。其虚拟商品的定论，意味着个人仍然拥有数字货币的买卖自由，这为后来中国成为数字货币全球第一大市场埋下了伏笔。监管部门低估了中国公众对加密货币炒作的能力，通知中对个人投资和服务的开口激发了一些中国创业者和投机者的热情。众多创业公司将自己定位为数字货币基础设施服务平台，而确实也有一批早期的区块链公司在这个阶段成立并发展了其相关基础设施，包括钱包、矿机、底层技术架构等。但发展最迅速的还属中国的加密货币交易兑换，于是随着整个数字货币市场的价格越来越高，以及相关生态的快速发展，越来越多的人看到了数字货币的投资机会，加入其中。据统计，2015～2016 年，中国的数字货币市场活跃度位居全球第一。全球大约 70%的比特币，通过比特币挖矿、ICO、交易所活动等在中国境内流通周转。截至 2016 年 12 月，比特币中国、火币网和 OKcoin 等几家中国知名的加密货币交易所承担了全球 90%以上的比特币交易活动（Economist，2017）。

随着数字货币及其周边的创新不断涌现，数字货币又被推向一个新高潮。比如，市场上出现 ICO 的融资模式。ICO 指利用区块链或者智能合约机制，在没有中介机构的情况下直接获取外部融资（Momtaz，2019）。在摆脱了传统金融机构的情况下，没有任何发行门槛，ICO 的发展异常迅速。据统计，2017 年上半年中国有超过十万人参与了 ICO，募集资金折合人民币大约 26 亿元（国家互联网金融安全技术专家委员会，2017）。但与此同时，ICO 在没有任何监管的情况下，投资

①《比特币是新货币还是新骗局？易纲：暂不承认其合法性》，http://finance.people.com.cn/n/2013/1124/c1004-23636893.html，2013-11-24。

者很难去判断投资项目的真实性、可行性、团队实力、可持续发展能力等。而且很多项目是跨国存在的，国际上当时对 ICO 也没有合适的监管框架，同样处于监管空白时期。ICO 的肆意发展，使得其从最初的区块链众筹模式，演变成区块链骗局模式，成为当时一夜暴富然后圈钱跑路的最佳途径。

与此同时，比特币及很多其他数字货币的价格每日都创新高。这样快速上涨的价格，很快就吸引了越来越多的投机者参与到市场中。就像巴比特创始人长铗所描述的一样，"如果把比特币称为点对点的支付系统，95%的中国人都会感到困惑。然而，如果你把它称为黄金 2.0，那么大多数人会恍然大悟"。在 2017 年，很大一部分的比特币交易都来自中国，并且当时中国国内交易所比特币的价格普遍比国外交易所市场的同期价格高出几个百分点，说明国内市场的巨大需求。数字货币的投机行为远远超过了预期，达到了空前的高潮，充满泡沫。

2017 年 9 月 4 日，中国人民银行等七部委发布《关于防范代币发行融资风险的公告》。《关于防范代币发行融资风险的公告》一出，比特币价格立刻断崖式下跌，价格从 4500 美元跌至 3500 美元，跌幅高达 22%，并且市场持续下跌大约十天。该公告定义 ICO 为 "非法金融活动"，禁止通过 ICO 方式募集、发售、流通数字货币，并勒令目前在发行阶段的中国项目立刻停止，尽快进行清退。同时强调 "各金融机构和非银行支付机构不得直接或间接为代币发行融资和'虚拟货币'提供账户开立、登记、交易、清算、结算等产品或服务"，任何平台不得从事法定货币、代币、虚拟货币之间的兑换、定价和信息中介等服务。《关于防范代币发行融资风险的公告》发布后，各个数字货币交易所，很快便宣布暂停新用户注册，并逐步暂停人民币与数字货币之间的兑换服务。在随后的一年中，也发布多个法律条款，继续跟进数字货币在我国的法律监管（表 8.1）。这些措施给了数字货币一个沉重的打击，也体现了中国政府全面禁止数字货币活动的决心。

表 8.1　数字货币在中国的治理政策

时间	发布单位	治理政策
2013 年 12 月 5 日	五部门：中国人民银行、工业和信息化部、中国银行业监督管理委员会、中国证券监督管理委员会、中国保险监督管理委员会	《关于防范比特币风险的通知》
2014 年 3 月中旬	中国人民银行	《关于进一步加强比特币风险防范工作的通知》
2017 年 9 月 4 日	七部门：中国人民银行、中共中央网络安全和信息化委员会办公室、工业和信息化部、国家工商行政管理总局、中国银行业监督管理委员会、中国证券监督管理委员会和中国保险监督管理委员会	《关于防范代币发行融资风险的公告》

续表

时间	发布单位	治理政策
2018 年 1 月 17 日	中国人民银行	《关于开展为非法虚拟货币交易提供支付服务自查整改工作的通知》
2018 年 1 月 26 日	中国互联网金融协会	《关于防范境外 ICO 与 "虚拟货币" 交易风险的提示》
2021 年 9 月 15 日	十部门：中国人民银行、中共中央网络安全和信息化委员会办公室、最高人民法院、最高人民检察院、工业和信息化部、公安部、国家市场监督管理总局、中国银行保险监督管理委员会、中国证券监督管理委员会、国家外汇管理局	《关于进一步防范和处置虚拟货币交易炒作风险的通知》

　　第三阶段：2017 年 10 月至今。

　　2018 年至今，私人数字货币在我国进入了强监管时期，几乎没有任何发展的可能性。尽管数字货币在某种程度上仍然被视为 "虚拟商品"，允许个人持有，但相关法律法规为其购置途径设置了诸多阻碍，并且对持有该类财产不设任何法律保护，因此大众对数字货币的热情骤减。这些措施在很大程度上也降低了投机和非法集资的风险，为国家真正投身于金融创新和技术创新铺平了道路。

　　在全球数字货币发展的浪潮中，我国对数字货币的关注逐渐转移至区块链技术和央行数字货币。第三阶段，我国数字货币的发展向着区分金融属性与技术属性发展，也就是 "两个松绑"（姚前，2017）。在 2019 年 10 月 24 日，习近平主席在中央政治局第十八次集体学习中指出，"要把区块链作为核心技术自主创新的重要突破口，明确主攻方向，加大投入力度，着力攻克一批关键核心技术，加快推动区块链技术和产业创新发展"[1]。我国将区块链从数字货币的技术底层提取出来，作为启发性的未来科技大力投入。2020 年 1 月起，中国开启了 "沙盒监管" 模式，共计九个城市被纳入金融科技创新试点项目，包括开放银行、供应链金融、区块链等多个项目，支持相应的科技在受监管的安全测试范围内稳步发展。对于数字货币的周边产业，如比特币挖矿，曾一度被提上国家发展和改革委员会的淘汰产业，但在最终发布的《产业结构调整指导目录（2019 年本）》中并未纳入其中[2]。比特币矿机公司，如比特大陆、嘉楠科技等，也在人工智能（artificial intelligence，AI）芯片上进行布局，获得了国家对芯片行业的补贴。

---

　　[1]《把区块链作为核心技术自主创新重要突破口 加快推动区块链技术和产业创新发展》，http://politics.people.com.cn/n1/2019/1026/c1024-31421530.html，2019-10-26。

　　[2] 但在 2021 年的修改中，在《产业结构调整指导目录（2019 年本）》淘汰类 "一、落后生产工艺装备"（十八）其他" 中增加第 7 项，内容为 "虚拟货币'挖矿'活动"。

同时，我国在战略层面绘制了央行数字货币的蓝图。央行在 2014 年成立了数字货币研究小组，开始着手对央行数字货币的可行性进行论证。随后在 2016 年，中国互联网金融协会成立了区块链研究工作组。2017 年，中国人民银行数字货币研究所成立，专门进行开发研究，开展各种合作，推进数字货币研发。2019 年6 月，我国正式公布了数字货币电子支付（digital currency electronic payment，DCEP）的预设机制。2020 年和 2021 年，央行数字货币在北京、深圳、苏州等地开展了多次红包雨活动，对其运行进行实战测试，为日后正式落地做准备。虽然数字人民币的发展速度很快，现今已推出数字人民币钱包供人们使用，但距离广泛普及仍有一段距离。数字货币的议程已经成为我国中长期发展的战略部署，是我国结合科技创新、顺应数字时代潮流发展，应对全球数字货币竞争所带来风险的一种治理模式（图 8.2）。

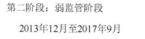

第二阶段：弱监管阶段

2013年12月至2017年9月

2008年至2013年11月　　　　　　　　2017年10月至今
第一阶段：自由发展阶段　　　　　　　第三阶段：强监管阶段
　　　　　　　　　　　　　　　　　　发行央行数字货币

图 8.2　数字货币在我国的发展阶段

8.3　数字货币的主要风险分析

新兴事物的出现通常伴随着风险和机遇。站在国家角度来看，数字货币给现有的政治、经济和社会体系都带来巨大的挑战。本节所讨论的是对于主权国家，特别是数字货币在我国主要面临的风险，而非个人投资者或者数字货币自身的风险。

8.3.1　法律风险

数字货币的新兴性质让其在初期游离于法律之外，没有任何监管，因此其在早期的最大风险是违规风险，即有人利用比特币进行非法交易或者违规洗钱等活动。数字货币具备比法定货币更好的匿名性，难以对交易流向进行追溯（Koshy et al.，2014）。有些加密货币，如 DASH 和门罗币（Monero）几乎具有完全的匿名性。使用者可以通过数字货币规避监管，从事违法活动。数字货币分布式的技术将中心化机制中的交易活动从"交易双方可知，交易匿名"转化为"交易可知，交易双方匿名"的模式（Brito，2013）。另外，很多比特币使用者的动机与政治有关，其中很大一部分人承认使用比特币的目的是逃离政府管制（Bohr and Bashir，2014）。在这两个因素的叠加下，导致使用数字货币的违法交易和活动的占比极大。Foley 等（2019）通过研究比特币的交易网络发现，在 2016 年之前，接近 1/4 的使用者以及半数的比特币活动都与违法行为有关，其对应的金额相当于 2400 万名参与者参与了 720 亿美元的非法交易额。

除了非法交易外，在违规风险中资本外逃也是数字货币所带来的风险。资本外逃通常极为隐蔽，很难以常规的方式发现并区分。资本外逃的目的一般也是为了逃避监管机构的合理审查，包括偷税漏税、资产转移、洗钱等。我国在之前一直面临着"蚂蚁搬家"的资金转移方法，但随着法律法规的逐渐收紧，这一活动受到严厉打击，随之而来的是利用比特币实现资本转移。早期的监管空白结合数字货币自身的特性，比特币和其他加密货币被用作避免监管控制以实现资本外逃的一种手段。

2015 年初，伊世顿国际贸易有限公司试图使用比特币将其非法收入转移到国外。该公司通过借入期货账户来进行交易，它利用高频交易、自买自卖的行为，操纵市场，获得超过 20 亿元的暴利。但是由于中国资本管制政策十分严格，该公司无法从中国把资金转移出去，便想移步比特币交易。他们向中国的数字货币交易平台——比特币中国提出交易，要求每月购置 10 000 个比特币进行交易，但比特币中国要求该公司提供收入来源证明和公司资质证明，伊世顿国际贸易有限公司无法拿出合法的证明，因此比特币中国拒绝了该笔交易，并报案。后来伊世顿国际贸易有限公司的相关负责人被捕，事发时，该公司正利用地下钱庄将资金运往中国境外。

在比特币无监管的时期类似活动比比皆是，能够曝光的事件只是冰山一角。数字货币在第一阶段的发展中，是存在高度的违规风险的。这一风险暴露使各国多年对审查反洗钱、打击违法犯罪活动的政策效果大打折扣。

8.3.2　社会风险

在中国政治逻辑中，一个重要目标是维持金融稳定和社会稳定。1989 年初，中国面临经济改革之时，邓小平指出："没有稳定的环境，什么都搞不成，已经取得的成果也会失掉。"[①]近年来，中国政府一再强调维持社会稳定的重要性，对整体风险偏好较低。

但是，与国家政府相反的是，中国人民对风险的接受程度具有较高的风险偏好（Fan and Xiao，2006；Weber and Hsee，1999）。研究表明，中国人在社会决策中具有较低的风险承受能力，但在财务决策中具有较高的风险承受能力（Fan and

---

① 《邓小平讲了两个"压倒一切"》，http://cpc.people.com.cn/n/2014/0210/c69113-24310971.html，2014-02-10。

Xiao，2006）。而且近年来，中国社会中有一股强烈的利益驱动趋势，人们对物质和消费的追求呈现出上升的趋势。在这种背景下，数字货币市场的巨大价值波动以及高额利润空间成为驱使很多人参与数字货币的动力。在 2017 年下半年，比特币价格几乎每天都上涨 10%以上，绝对值超过 1000 美元。人们缺乏对数字货币基础属性的了解，只知道比特币是数字黄金，具有极高的投机价值，买比特币可能实现财务自由。

数字货币本身具有很高的投机性，价格波动巨大，为参与者带来极大的投资风险。并且我们很难去核实数字货币发行者的真实身份、开发潜力、资金能力等，因此难以评估数字货币项目的可持续发展性。因此，基于数字货币项目发行的各种代币，本身就具有极高的信用违约风险。例如，ICO 项目，在没有规范的法律法规下，很有可能成为庞氏骗局或者传销项目。即使是专业投资者也会因为项目的信息不对称而很难开展尽职调查，更何况中国很多居民缺乏基础金融知识，对金融市场的风险没有充分了解，大部分投资者只是人云亦云，对 ICO 这种融资项目没有实际风险承受能力。还有些人为了赚取更高的收益，采取杠杆投资，甚至卖掉房产，去博弈数字货币市场的高额收益，幻想通过此一夜暴富。这些行为让数字货币项目成为影响社会安定、金融稳定的巨大隐患。一旦数字货币的骗局连续爆雷，大量群众将会遭受经济损失，并且陷入没有法律保护的情境。这与 P2P平台爆雷有异曲同工之妙，更糟糕的是，由于数字货币的法律空白，只可能陷入更加难以追查和维权的境况。

8.3.3　金融风险

数字货币的金融属性对传统金融系统的地位是一种挑战。以比特币为首的去中心化数字货币，颠覆了我们传统认知上的中心化管理模式。完全去中心化的数字货币没有任何一方可以完全控制其发行、流通和管理。尽管类似比特币这种去中心化模式发行的数字货币，被很多学者和专家诟病为非真正的去中心化，在某种程度上交易所、钱包、挖矿等活动都存在着不同等级的中心化权力集中（Böhme et al.，2015），但是这种脱离国家属性的货币却开启了人们对货币的新认知和理解。在2017 年左右的发展高潮，哈耶克所提倡的货币非国家化理论一度被拿来引证，全球有声音认为发行货币的权力不应该仅仅在主权国家手中，竞争性数字货币会给货币带来创新与进步，让货币更优质（Von Hayek，1990）。在这种背景下，脸书公司与各大科技巨头结盟形成 Libra 协会，联合发起天秤币，而把天秤币看作潜在世界级的货币变革也不为过①。因此，数字货币的出现不仅对传统货币的意识形

---

① 资料来源：穆长春 2019 年在得到 APP 中的课程"科技金融前沿：Libra 与数字货币展望"。

态提出了挑战，还激发了人们对货币去中心化、去国家化的信念（Bjerg，2016），这给整个货币系统带来了巨大的风险。

各国开始逐渐重视央行数字货币，利用数字货币出现的机遇将法定货币数字化。在我国数字货币发展的第三阶段，尽管我们不能完全避免私人数字领域的风险，如国际科技巨头发行数字货币所带来的风险，但该类风险在严格的监管政策下已经压缩至最小。我国在现阶段集中攻克的是央行数字货币。虽然数字人民币的发行主体是中国人民银行，但央行数字货币的推行也面临巨大挑战和风险。

央行数字货币所取代的货币是现金，它的出现是现金数字化的重要一步，冲击了当下以商业银行为核心的金融体系架构。对于银行来说，央行数字货币可能带来金融脱媒的风险。商业银行在信用等级和普惠程度上都弱于国家央行，可能导致大众将存款大量转换为央行数字货币。在央行数字货币流通的环节，商业银行的角色也对其起到决定性作用。如若采用一元架构的模式，那么商业银行在央行数字货币发行中将被边缘化，并且可能导致存款外流，最终影响银行的信贷能力。

央行数字货币金融系统的影响被广泛关注和讨论，主要集中于货币政策的传导机制方面。央行数字货币会导致货币乘数的不确定性增加，其主要决定因素是家庭资产配置央行数字货币的偏好和数字货币的技术冲击（吕江林等，2020）；同时，央行数字货币的发行增加了货币乘数的内生性，加大了央行对货币供给量控制的难度（刘津含和陈建，2018）。未来央行数字货币具备成为货币政策新工具的潜力，通过对发行数量的调整来影响整体的货币政策目标。央行数字货币可能让货币政策的传导机制更加直接，让利率变化的传导更加快速直接地影响处于终端的个人使用者。很多学者（Bindseil，2020；Kumhof and Noone，2018）认为央行数字货币的出现可以打破"零利率下限"（zero lower bound，ZLB）约束，有助于各国实行负利率财政政策，而不是无限量化宽松的货币政策。

除此以外，在央行数字货币推广的过程中，如何逐渐取代目标货币的 M0 或 M1，同时 M2 也存在着风险[①]。民众对央行数字货币的接纳程度、商业银行的配合程度、技术水平等，都会潜在影响整个金融系统的稳定性，这是值得深思熟虑的问题。

8.4　数字货币在我国的治理模式及国际对比分析

在数字货币发展的第一阶段，我国采用了自由式治理模式，市场力量是推动数字货币及相关产业发展的主要动力。在 2013 年 12 月之前，国家对数字货币没

---

① 其中，M0 为流通中的现金；M1 指狭义货币，它是指在 M0（现金）的基础上增加了单位在银行的活期存款；M2 指广义货币，它是在 M1 的基础上，又加上单位在银行的定期存款和城乡居民个人在银行的各项储蓄存款以及证券客户保证金。

有出台任何正式的法律法规或者政策，市场不存在外界干预。这种默许的状态为企业家和早期参与者营造了自由的生态发展氛围，当时中国被视为数字货币的"机遇之地"。

即使在没有任何法律框架干涉的第一阶段，国家仍然密切关注数字货币。中国人民银行自 2011 年就开始关注数字货币，并且开展了数字货币的研究工作，只是此时数字货币的发展还处于朦胧期，不宜过早地对市场进行干预。并且，数字货币在当时的受众极少，没有什么规模效应可言，国家政策的干预显得没有充足的必要性。虽然早期由于数字货币没有监管，存在合规风险，但其初期使用量较少，风险暴露对社会的整体架构不构成直接威胁。这个时期是我国对数字货币最原生本质的观察期，这也是绝大多数国家的做法。自由市场可以充分挖掘新兴事物的潜力，参与主体可能会发现其利弊，为后续国家治理做出铺垫。

随着越来越多个人和企业参与到比特币使用及其周边功能研发中，国家看到了比特币跳出"纸上谈兵"的实际支付潜力、投资潜力、违法潜力，治理模式逐渐从自由式转变为管家式。我们可以把《关于防范比特币风险的通知》看作治理模式转变的第一个节点。通过第一个法规文件的指导方向，数字货币从完全市场驱动的发展模式转变为由政府引导的模式，其中金融机构被要求禁止参与，以及比特币作为"货币"的功能被禁止。随着比特币在违法交易和洗钱功能上的广泛使用，其展现的弊端给社会带来了潜在威胁，如资本外逃、违法交易、资本投机等。在第二阶段，我国的政策以强硬式为主，体现了我国对数字货币风险规避的态度。与此同时，可以把我国出台的两个法律法规都看作一种主动防御的策略。这意味着，我国并没有直接采取禁止模式去规避掉所有可能出现的风险，而是在市场上出现后才做出应对策略。

本章认为，第三阶段的治理模式需分开来看。我国在这一阶段实现了数字货币与比特币、区块链技术的解绑，因此治理模式也呈现出多面性。我国对于私人数字货币及相关投机产业的整体治理模式逐渐转化为封闭式治理模式，禁止相关业务的开展。但对于技术层面，则回归到管家式治理模式。

国家治理的目的绝不是要禁止一切，而是适度地管理和限制风险性活动。随后，由于数字货币市场投机和 ICO 融资活动的高度发达，国家采取了更严厉的政策。《关于防范代币发行融资风险的公告》的发布，是我国治理模式逐渐走向强硬的一个重要标志。监管方案的出台及时制止了数字货币风险进一步扩大，虽然在某种程度上"一刀切"的方式被大众批判①，但却有效避免了投机所引发的金融风险和社会风险。数字货币从管家式到强硬式的转变较为迅速，市场主体在参与过程中面临较高的政

---

① 《从"谨慎放行"到"一刀切"：ICO 杀死中国比特币？》，https://tech.sina.com.cn/it/2017-09-15/doc-ifykymue6247741.shtml，2017-09-14。

策风险。国际上也有批判的声音，表示这些强硬的策略使得中国不再受到数字货币市场的青睐，从极高的交易市场份额下跌到不足 10%（Economist，2017），也阻碍了相关产业的创新发展（Deng et al.，2018）。虽然该阶段的治理模式较为强硬，但我国没有直接采用封闭式治理模式，这也就意味着数字货币的相关发展未来仍存在一定机动性和灵活性，政策可能随着发展的需要而发生变化。

本着"取其精华，去其糟粕"的思想，数字货币的多面性体现在割裂后的技术层面以及央行数字货币层面。在这一阶段，我国政府阐明了对数字货币不同方面的态度，支持相关科技领域发展，着手央行数字货币战略研发。我国出台的政策，包括建立金融科技创新监管试点地区、行业补贴、优惠政策等，都是在有效引导数字货币周边产业向着积极的方向转变。在管家式治理模式下，我国的治理更加灵活，通过政策引导适当发挥市场驱动力，这能够更好地激发市场去发挥作用，探究区块链、分布式技术和央行数字货币等基础设施的建设。我们可以批判第三阶段对于数字货币金融属性的治理模式过于"一刀切"，其禁止的是数字货币风险暴露最大的投机和违法部分。数字货币自身的"数字"和技术优势，逐渐转变为数字人民币的特点。

放眼国际，不同地区和国家的情况有所差异，主要发展的驱动力和对风险的偏好均呈现出不同情况，因此在策略方针上，各国针对数字货币的治理采取了不同的措施。例如，瑞士政府和瑞士金融市场监管局（Swiss Financial Markets Supervisory Authority，FINMA）都对加密货币持积极态度，没有对数字货币活动施加任何强制性禁令，其主要采用自由式治理模式，以市场驱动为主导，监管机构出台了相关的指导性文件，并积极地将数字货币尽快纳入一般性监管框架，旨在规范数字货币在瑞士的蓬勃发展。瑞士开放的环境吸引了一批世界领先的区块链或加密货币公司聚集到楚格地区（Zug），逐渐形成了数字货币硅谷——加密谷（Crypto Valley）。瑞士并没有把数字货币当作对现有体系的重大威胁，而是把它当作成为全球革命性技术领导者的机会。

至于美国，更多采取的是管家式的治理模式。美国 SEC 对代币和其他数字资产的发行进行了监管。如果一个代币被归类为实用性代币，那么它将受到美国 SEC 的安全监管。比特币交易所作为数字货币流通的机构之一受到一定监管。它们需要在金融犯罪执法网络（Financial Crimes Enforcement Network，FinCEN）注册，满足一系列条款，包括客户信息收集、交易记录保存，以及必要的反洗钱的法律法规等。美国在监管方面的主要工作集中于监控市场欺诈和数字货币滥用情况，而不是设置过多的限制去扼杀数字货币领域可能发展出来的生态及创新。

通过对国际上其他国家数字货币治理的分析，可以看到我国在治理模式上的特点是具有渐进性，并不是一蹴而就的，且随着不同阶段的发展，呈现出不同的关注点和治理方案。国际上的一些治理模式，如对数字货币发展和风险的平衡措施、引导性政策以及法律更新等方面，是值得我们去深入思考和借鉴的。但是，根据我国国情，目前针对数字货币市场采取较为强硬的治理模式，是对我国民众普遍缺乏数字金融知识，并且愿意盲目地承担超出自身风险承受能力投资情况最好的保护伞。在区块链方面，我国的治理模式，也促进了科技的发展应用，逐渐形成了区块链的工业聚集。

结合上述治理框架，数字货币在我国的发展和管理可以划分为三个阶段。在这三个阶段中，我国主要的风险考虑和治理模式都在随着其生态环境的变化不断变化和调整。发展数字货币是融合科技创新、顺应时代变化的选择，我国对数字货币发展的主旨是"取其精华，去其糟粕"，将未来发展道路锚定法定数字货币，是具备战略性眼光、国际视角、长远发展优势的治理选择。

8.5　央行数字货币特征

央行数字货币是一种以现有价值尺度定义的央行负债，具备交易媒介和价值储存的功能（CPMI-MC，2018）。Bjerg（2017）认为央行数字货币具备央行发行、数字化和广泛可得的特性。基于 CPMI（2015）对加密货币和丹麦学者 Bjerg（2017）对央行数字货币的特性划分，Bech 和 Garratt（2017）进一步提出了央行加密数字货币，他们总结了集合加密货币和央行数字货币的特征框架。货币之花（money flower）主要从四个维度，包括流通范围、货币形态、发行者和流通方式概括了货币的特征，将现有货币从广泛可得性、是否为数字化货币、发行方是否为央行，以及是否为点对点特征进行分类考虑。央行加密数字货币至少需要具备央行发行、数字化、点对点的特征，根据其是否具有广泛可得性，可以划分为零售型央行数字货币和批发型央行数字货币。零售型央行数字货币是面向全体民众个体的，因此具备人人可得性；而批发型央行数字货币则主要面向金融机构，用于机构清算、结算、支付转移等。

现阶段，央行主要发行了两种直接负债，分别为现金和储备金。商业银行中对应的存款，虽然也是法定货币，但属于商业银行的自身负债，在央行不具备全额比例的准备金存款，商业银行存款存在信用风险，有无法兑付的可能，因此不具备无限法偿性。同时在国际上，商业银行的账户并非面向所有消费者，通常开户有储蓄门槛或消费门槛，对于在金融系统边缘化的群体并不友好，存在部分居民无银行账户的情况。因此商业银行存款不具备广泛可得性。央行数字货币区别于一般银行储蓄和结算余额，它是中央银行货币数字形式的表现（CPMI-MC，2018），具备广泛可得性且是无限法偿性的货币（Mancini-Griffoli et al.，2018）。

在央行数字货币的使用设计方面，主要可以分为基于账户（account based）和基于代币（token based）两种模式。Kahn 和 Roberds（2009）对支付系统的两种模式进行归纳，提出了基于储存价值（store of value）和基于账户两种交付系统模式。基于储存价值的系统以物权支付方式为核心，依靠交易双方对交易媒介的判断能力。古代以物易物、金银交易和当代的现金交易都属于这一种类。基于账户的交易模式要求交易双方必须在交易过程中拥有开设于交易中介的账户，如银行存款、信用卡、支票等。Koning（2016）将两个概念与央行数字货币联系起来，以是否基于央行账户为基础，划分出两种不同模式，即央行数字货币账户（central bank digital account）和央行数字货币。从演化角度来看，货币由基于储存价值逐渐变成基于账户的模式，而加密货币也从最开始的公有链逐渐转化为私有链和联盟链，这被视为一种从代币向账户转化的过程（Yao，2017）。账户模式的最大优势在于交易双方可以根据历史记录和身份识别，在交易前识别、确认账户持有人身份（Kahn and Roberds，2009）。对于央行数字货币，基于账户和基于代币的模式可以并存。采用基于账户模式，则中央银行持有交易者的账户，类似于目前商业银行的模式；采用基于代币模式则支持点对点的交易，通过钱包的方式进行支付转移，该方式对央行的技术层面提出了更高的要求（Mancini-Griffoli et al.，2018）。

基于不同的模式，央行数字货币可以选择不同的技术手段，包括现有的分布式技术和中心化数据库模式。在初期，区块链技术被视为央行数字货币的解决方案。但是随着区块链在私人数字货币中的广泛应用，其问题也逐渐暴露出来。在安全方面，区块链技术采用国家通用密码技术，不具备完全可控性，而51%的攻击算法也可能在未来增加风险的暴露；对于高并发性的交易，区块链技术处理较慢，节点储存容易遇到瓶颈；而且目前区块链系统的交互性仍有待提高，跨链数据难互通，容易导致业务割裂（中国人民银行数字货币研究所区块链课题组，2020）。但分布式技术并不局限于区块链技术，仍然是基于代币模式央行数字货币的底层设计技术之一。中心化数据库技术则更加成熟，更有利于各国利用现有的技术优势，有利于央行数字货币快速与现有的货币系统融合，成本较低。

在央行数字货币的体系设计方面，主要有四种模式（Adrian and Mancini-Griffoli，2019）：①直接型央行数字货币由央行直接运营支付系统，提供零售服务，由央行负责维护所有的交易账本，是央行的直接负债；②混合型央行数字货币由金融中介负责零售端支付，但央行数字货币仍是央行的直接负债，央行保留所有交易账本，并运行备用技术基础结构，以便在中介机构出现故障时重新启动支付系统；③中间型央行数字货币与混合型类似，但央行只负责批发端的维护，也就是机构之间通过央行数字货币交易，至于零售端，则由中介机构负责支付管理；④间接或复合型央行数字货币与现在的狭义支付银行类似，金融中介负责零售端的支付处理，但其负债不是央行的直接负债，金融机构通过在央行的100%准备金保证兑付。其中前三种类型的央行数字货币都是央行的直接负债，央行负责全部或者部分的基础设施维护和保管，其他金融中介只负责在最后阶段执行支付功能。复合型央行数字货币目前具有一定争议，国际清算银行（Bank for International Settlements，

BIS）认为该种央行数字货币不是真正意义上的央行数字货币，只是狭义银行货币的一种延伸，因为其不具备央行数字货币的两个关键特性，即非营利目标的中立性和直接负债类型央行数字货币可以随时增发的流动性①。尽管如此，处于第二层的商业银行和金融机构仍需要通过 1 : 1 的资金储备来兑换央行数字货币，在一定程度上也保证了这种模式下央行数字货币的法偿性。

在央行数字货币的讨论中，对于其是否计息有不同意见。目前在进展较快的各国法定数字货币实验中，还未见某个国家明确落地计息版本的数字货币。考虑计息与否主要与货币政策及其传导相关，Davoodalhosseini 等（2020）认为如果采用不计息的方式，有效利率底线将比目前更高，因为其研发、发行和储存成本要比现金更高。如果采用计息的方式，则可以突破"零利率底线"，为各国采用激进式财政政策打开新大门，被称为利率"直升机式下降"的最佳手段（Dyson and Hodgson，2016）。但是，与此同时，央行数字货币如果支付正利息，则可能产生金融脱媒的风险。因为央行数字货币的信用等级要比商业银行存款的信用等级高，居民将更倾向于将资金存在央行。目前央行数字货币的主要功能是替代 M0，但如果采用计息的方式，将带来一系列更复杂的影响，也必将不单是单纯的 M0 现金的替代品。

各国发行央行数字货币的动机各有不同。放眼全球，发展中国家对央行数字货币普遍更加友好，其主要原因是国家的金融基础设施相对发达国家落后，政府希望通过发行央行数字货币来提高支付效率、增加金融普惠程度、提升货币政策传导效率（Boar et al.，2020）。同时，货币数字化给货币的流通提供了可追溯的特性，有助于发展中国家抗击金融犯罪。但对于发达国家，支付安全、金融稳定，以及促进现金社会转化为无现金社会成为发行央行数字货币的主要动机（Barontini and Holden，2019）。

无论各国在央行数字货币的技术、类型、体系设计方面选择怎样的框架，发行的整体目标都是从自身国家利益出发，主要依据三个原则考虑①：第一，央行在发行央行数字货币时应该避免自身对货币政策和货币管理的能力受损；第二，新旧货币应该能够共存，现有的货币形式，如现金和存款等，不应该被央行数字货币直接取代；第三，创新与效率，各个部门应该保持创新能力，对提供央行数字货币的服务保证安全和效率。

8.6　各国央行数字货币的发展对比研究

面对私人数字货币的挑战，央行数字货币的重要性逐渐凸显。2018 年之前，

---

① Central bank digital currencies: foundational principles and core features，https://docslib.org/doc/2087738/central-bank-digital-currencies-foundational-principles-and-core-features，2024-05-15。

央行数字货币并非在全球都具有普遍共识，大多数国家对央行数字货币持有消极态度，特别是面向消费者的零售型央行数字货币。自 2018 年后期开始，各国对央行数字货币的态度才逐步发生转变（Auer et al.，2020a）。

在新冠疫情的冲击之下，全球更多国家逐渐意识到货币数字化的迫切需求。在新冠疫情的催化作用下，人们的支付行为发生变化，对多种支付手段的需求凸显（Auer et al.，2020a）。以美国为例，2019 年，占据美国总人口 5.4%的 710 万居民没有银行账户，其中 29%的人表示是因为"没有满足开户最低金额的资金"，这一理由成为没有银行账户的首要原因（FDIC，2020）。在新冠疫情的冲击之下，国家希望通过以发放政府救济金的形式来缓解危机，但在实际操作的过程中却面临很多挑战。一方面，新冠病毒传染力极强，以往线下领取补助的模式不利于疫情防控；另一方面，政府很难将资金直接发放到需要补助的家庭手中，不能为需要的人群提供及时且必要的帮助。因此，央行数字货币在新冠疫情之下发展速度加快，被更多国家真正地重视起来，越来越多的国家正在对央行数字货币进行探索，并考虑未来发行央行数字货币的可能性（Auer et al.，2020b）。

1. 瑞典

瑞典银行在 2017 年春天开展了央行数字货币探究，即 e-krona 的研发工作。在瑞典，所有成年人都有权拥有银行账户，并且目前已有实时支付转移方面的解决方案，因此对于瑞典来说，发行央行数字货币绝不是为了解决普惠金融的问题。开展央行数字货币项目的目的之一是应对逐渐"去现金化"的社会。随着支付业务的不断发展，瑞典的现金使用比例逐年递减。根据瑞典银行的调查数据，在 2018 年仅有 13%的人近期使用过现金进行支付，而这一比例在 2010 年为 39%，整个现金支付比例占国内生产总值的比例不到 1%[①]。在这一背景之下，货币的主要发行和管理集中于私人部门，瑞典央行的参与程度有限，整体降低了金融系统应对风险的弹性。e-krona 的研发可以增加瑞典央行对于整个金融系统的控制能力，同时也为一些群体提供了多样的支付选择，增加了系统抗风险能力。

在设计方面，e-krona 将兼具基于账户和基于代币两种模式[②]。基于账户的模式则由瑞典央行负责账户管理，也就是说发行、管理和所有权都直接属于央行；而基于代币模式的数字货币则可以通过手机软件、电子钱包、存储卡等进行转移支付。瑞典央行认为基于账户的央行数字货币更具发展前景，能够满足不同群体的需求，也更有利于未来监管。但无论是哪种模式，瑞典都将采用注册制，对数

[①] Payments & cash，https://www.riksbank.se/en-gb/payments--cash/，2023-10-11。

[②] E-Krona：part 2，https://www.riksbank.se/globalassets/media/rapporter/e-krona/2022/e-krona-pilot-phase-2.pdf，2023-10-11。

字货币的所有权进行确认，保证交易的可追溯性。在技术方面，e-krona 采用了区块链中的联盟链，该项技术由 R3 Corda 分布式技术平台提供，通过实时信息传递，将所有交易信息同步传给瑞典央行①。整个实验由瑞典央行和商业银行，以及瑞典 RIX 系统（瑞典央行支付系统）内的成员共同完成，形成混合型架构。

这种数字货币既面向金融机构，也面向公众。瑞典银行希望通过控制需求来保证发行后的金融稳定性和货币政策的稳健性。如果对 e-krona 的需求过多，瑞典央行可能会收取相应的利息费用来调节需求；如果对 e-krona 的需求不足，商业银行将被要求减少存款。由此也可以看出，瑞典央行希望通过发行 e-krona 增加对金融系统的可调节性，更有效地对货币政策进行调控，发挥作为"最后借款人"的作用。

2. 加拿大

加拿大央行自 2016 年起开始关注央行数字货币，并联合加拿大支付协会、六家商业银行和 R3 Corda 区块链联盟共同探究分布式技术在批发型支付系统中的潜力。截至 2023 年 7 月，加拿大央行的项目 Jasper 已经完成了四个阶段。在第一阶段，Jasper 项目旨在探究分布式技术在批发型支付系统中的可行性。该阶段基于以太坊，利用工作证明机制，以托存凭证的方式验证在加拿大央行的存款。在第二阶段，试验工作转移到了 R3 Corda 的分布式技术平台上，实验扩大了交易功能的范围，包括原子化交易和递延清算功能。2018 年 10 月，Jasper 项目发布了第三阶段报告。这一阶段的实验证明分布式技术可以用来处理券款对付、证券清算等业务，增强了不同资产之间的交互性，有助于实时结算处理②。在第四阶段，加拿大 Jasper 项目与新加坡 Ubin 项目和英国银行合作，对比了现在与未来共计五种不同央行的治理模式③，并成功实现了 Quorum 和 Corda 两个不同平台之间的国际支付④。

在 2020 年 2 月，加拿大央行发布了一篇关于央行数字货币计划的文章⑤。文章指出，加拿大央行暂不考虑发行央行数字货币，但是要保持应对管理瞬息万变支付市场的能力，以应对随时发行类现金型数字货币的需求，同时仍将继续对批发型支

① The Riksbank's e-krona project，https://www.riksbank.se/globalassets/media/rapporter/e-krona/2017/handlingsplan_ekrona_171221_eng.pdf?ref=warpnews.org，2023-10-11。

② Jasper: Phase III: securities settlement using distributed ledger technology，https://payments.ca/sites/default/files/2022-09/jasper_phase_iii_whitepaper_EN.pdf，2024-05-15。

③ Cross-border interbank payments and settlements，https://www.bankofengland.co.uk/-/media/boe/files/report/2018/cross-border-interbank-payments-and-settlements.pdf?la=en&hash;=48AADDE3973FCB451-E725CB70634A3AAFE7A45A3，2024-05-15。

④ Jasper-Ubin design paper: enabling cross-border high value transfer using distributed ledger technologies，https://www.mas.gov.sg/-/media/Jasper-Ubin-Design-Paper.pdf，2023-10-11。

⑤ Contingency planning for a central bank digital currency，https://www.bankofcanada.ca/2020/02/contingency-planning-central-bank-digital-currency/，2020-02-25。

付系统进行探究。因此，加拿大虽然对央行数字货币的发行一直处于概念证明（proof of concept，POC）的阶段，并保持谨慎的态度，但其对央行数字货币的关注程度极高，积极开展了多边国际合作，对该领域有深入研究，具备一定发行能力。

3. 美国

在 2020 年之前，美国对央行数字货币的态度较为消极，认为没有必要发行数字货币。直到 2020 年的新冠疫情大流行，美国看到了央行数字货币的需求，也察觉到全球央行对数字货币的竞争态势发生了微妙的变化。2020 年 3 月，在美国国会两个针对新冠疫情的刺激法案的草案中，第一次引入了美国的央行数字货币——数字美元。2020 年 6 月，美国国会举办了一场线上听证会，听证了关于美国使用数字美元进行金融普惠和疫情救助的备选方案。目前，听证会中提及了两个方案，第一个是范德比尔特大学的法学教授摩尔根·路克斯（Morgan Ricks）牵头提出的 FedAccount（联邦账户）方案，第二个是美国商品期货交易委员会前任主席克里斯托弗·吉安卡洛（J. Christopher Giancarlo）联合埃森哲（Accenture）等产学研用各界人士发起的数字美元项目（digital dollar project，DDP）。至此，"数字美元"概念正式浮出水面，引起人们高度关注。

DDP 希望通过发行与推广美国的央行数字货币，美国能够领导数字货币领域的科技创新，并继续通过数字美元来展示美国的民主价值观。其项目白皮书指出 DDP 的重要意义在于，美元是世界上主要的储备货币，是国际贸易中的主要结算货币（Digital Dollar Foundation and Accenture，2020）。在未来，也有必要保持在国际上的主流地位，否则美国将面临巨大的风险，会付出相应的代价。白皮书提出了一种"冠军模式"（champion model）的数字美元，这种数字美元将会基于代币的货币形态，而非基于账户模式，技术路径选择分布式账本技术。DDP 的发行仍将沿用现有的美联储-商业银行的双层运营架构。商业银行（以及可能与美联储接触的其他受监管的中介机构）将用准备金换取数字美元，并将其分销给最终用户，就像它们目前通过自动取款机向客户发放实物现金的方式一样。在功能实现上，DDP 中的数字美元主要强调了三大方面的功能，包括数字美元的零售支付、批发支付和国际支付。

联邦账户的最初假设早在 2018 年就已经提出，直到 2020 年新冠疫情的经济刺激法案，才获得了大幅的关注，其白皮书更新于 2020 年 4 月。该方案旨在采用美联储对零售端直接发行央行数字货币的模式，重新定义公共部门和私营部门在货币体系中的角色，为更多的居民提供基础金融服务。此方案旨在通过联邦账户的构建，推动普惠金融，完善金融基础设施，让更多的美国民众接入现有的金融系统之中，拥有银行账户与服务；通过联邦账户，将货币的主导权从私人机构手中夺回到公共机构管理之下。联邦账户将继续沿用现有基于账户的模式，认为基于代币的货币形态仍有许多问题亟待解决。方案明确指出将不会采用分布式技术或区块链技术，并且联邦账户会在支付体系的构建中摒弃银行卡交易系统，采用 Fedwire 系统（Ricks et al.，2020）。Fedwire 目前是美联储负责运营的境内美元实时全额结算（real time gross settlement，RTGS）系统。其运营模式将采用单层架构模式（single tier model）。在该方案中，数字美元是联邦储备银行的直接负债，依托于美联储的信用，美联储将全权负责居民数字美元账户的开立和交易。在功能实现方面，联邦账户旨在给居民提供一般性的银行服务功能，包括存取款、支付交易等。另外，联邦账户将会沿用存款利息模式，这意味着在该提案下的数字美元，与现金是有明显区别的，并非 M0 的完全替代，更多的是作为商业银行存款的替代。

虽然央行数字货币的呼声极高，被多个国家视为重要的发展战略（表 8.2）。根据 BIS 的调查显示，在近期，多个国家都将会开展对央行数字货币的研究，但只有个别国家会考虑将央行数字货币真正落地实施（Barontini and Holden，2019）。全球在法律上允许发行数字货币的国家只有约 40 个，仍有 80%的国家在现行法律框架下不允许或仍不明确可发行数字货币（Margulis and Rossi，2021）。发行央行数字货币给各个国家都会带来巨大的挑战，这不仅仅是法律或者技术上单一的问题，还要去面对来自社会、经济方面的问题，如数字货币与现金的兼容性、货币政策、金融系统性影响、与商业银行的关系、居民使用的隐私性、对使用数字货币的犯罪管控等。总体而言，在法律、经济、科技，以及社会的接受程度上，央行数字货币的成熟仍有漫漫长路。

表 8.2　各国央行数字货币进展

名称	设计	技术	账户	发行背景
零售型央行数字货币				
中国 DCEP	复合型 双层投放 账户松耦合	不预设技术路线 多技术并行	基于账户	手机支付发达 人口基数较大
欧洲	直接型和中间型	多种技术备选 终端基础设施在央行手中	两种均提供	政治考量
美国	直接型和混合型两种	联邦账户：现有技术 Fedwire DDP：分布式	联邦账户：基于账户 DDP：基于代币	美元霸权 疫情下的金融普惠 其他 CBDC 竞争
瑞典 e-krona	混合型	分布式账本 R3 Corda	两种均提供	低现金化社会
乌拉圭 e-peso	直接型或混合型 可以离线验证支付	非分布式技术	基于账户	普惠金融 规范化劳动市场 提升支付效率

续表

名称	设计	技术	账户	发行背景
委内瑞拉 Petro	锚定自然资源 石油 50%，黄金 20%，铁 20%，钻 10%	区块链 以太坊	不基于账户	经济崩溃 恶性通货膨胀 政治危机
批发型央行数字货币				
泰国 Inthanon	混合型 批发型	分布式技术 R3 Corda	基于代币	金融科技创新
新加坡 Ubin	批发型 阶段 1：代币化新加坡币 阶段 2：重构 RTGS 系统 阶段 3：券款对付 阶段 4：跨境支付 阶段 5：跨系统生态	分布式技术	待确定	金融科技创新
加拿大 Jasper	批发型 阶段 1：分布式技术可行性 阶段 2：清算系统 阶段 3：券款对付 阶段 4：跨境支付	分布式技术 R3 Corda	待确定	金融科技创新
数字货币小组	现金、类现金	未确定	未确定	日本、英国、瑞士、瑞典、欧洲央行、加拿大、BIS 合作

8.7　央行数字货币的治理模式

第三阶段后，我国进入后监管时代，实现数字货币与比特币、区块链技术的解绑后，对数字货币的金融属性和科技属性形成了差异化的治理方案。对于金融属性，我国目前主要是以央行数字货币的发展为战略指导方向，快速推动相关的移动支付和普惠金融工作，以法定数字货币作为发力点，努力在新数字经济时代占据货币治理模式的新制高点。

8.7.1　数字人民币的基础属性和系统设计

我国央行数字货币的研发已有五六年时间，直到 2019 年 10 月，我国央行数字货币 DCEP 才正式揭开面纱，确定了其初期方案。

数字人民币（e-CNY）是法定货币的数字化形态，具备无限法偿性。其具有社会不可分割性、非竞争性、非排他性和非营利性的特点。这意味着数字人民币是公共产品，与其他现有的货币形式不存在竞争关系，而非国家为了与私人部门竞争所创造的货币形式。与此同时，央行数字货币是普惠金融的一种手段，任何人都有权利使用该服务。数字人民币的非营利性，也说明其并不收取相关的服务费用、兑换费用等。

DCEP 系统下的央行数字货币被定义为 M0 替代，批发端的货币已经通过电子支付系统逐步实现了数字化，但是商业银行存款、第三方存款等都无法替代法定货币发挥价值尺度和记账单位的功能。对于零售端的货币却一直难以实现货币数字化，M0 数字化是货币发展规律和支付需求催化的供给侧结构性改革，是提高支付效率、实现普惠金融的重要一步。

中国数字人民币的整体架构采用双层投放模式，根据 BIS 的分类，属于复合型架构。也就是说仍然采用现行的银行体系，利用"中央银行-代理投放商业机构"这种模式进行数字人民币的管理。双层投放的模式可以有效利用现行的资源，包括人才、技术、现有基础设施等，为推行数字货币节约了成本；同时整个双层的组织架构，保留了原有模式的特点，能够让金融系统更快速地适应数字人民币系统与现行系统的并行，降低制度摩擦。所有的二层商业银行将缴纳 100% 的准备金来兑换数字人民币，确保数字人民币是没有信用风险的，保证了其无限法偿性。

但值得注意的是，我国这种发行模式，让数字人民币成为发钞行的直接负债，而非央行直接负债。虽然都被称作央行数字货币，但数字人民币的开发思路与严格意义上的央行数字货币是有区别的，作为第一层架构主体的中央银行与第二层主体之间，并非人们所理解的简单的批发-零售关系。其中，央行的主要责任在于建设清算、结算的基础设施，构建标准从而实现各个产品之间的互联互通，当然也要做到宏观把控以保证数字人民币的价值稳定和稳健运行；对于第二层机构的责任则是配合监管，执行 KYC 相关法律法规，控制风险，并保证运行的基础设施[1]。

在现有确定的技术下，数字人民币采用账户松耦合模式。在松耦合的账户模式下，降低了支付交易对账户的依赖程度，不同主体之间的信息传递具有异步性。这让数字人民币可以实现"双离线支付"模式，也就是交易双方都没有网络的情况下也能完成支付过程。这一设计给未来的应用提供了更多应用场景，如公共交通、门票、航空购物等。同时数字人民币将采用可控匿名的形式对其进行管理。在日常使用过程中，可以实现交易双方的匿名支付。但与此同时，中国人民银行会通过数据系统掌握交易双方的身份信息、资金流向等信息。我国的原则是"小额匿名、大额实名"，根据客户身份识别强度分层进行管理（穆长春，2020）。

在技术上，我国 DCEP 没有最终下定结论，对于未来的数字人民币，我国将采用竞争性、多方案、动态演进的经营体系。这就意味着，数字人民币会随着各种技术的逐渐成熟，尝试各种方案，可能存在多种技术共存的状态。这一留白为

---

[1] 《DC/EP 的主要技术路线及与 CBDC 的区别》，http://www.cf40.org.cn/news_detail/11461.html，2020-12-02。

今后我国数字货币汲取新技术优势打开一扇窗户，如使用结合前瞻条件触发式的智能货币（姚前和陈华，2018）等方案。但同时多技术并行的方案也为未来央行集中管理数字货币带来了挑战，如何将多轨道上的数字人民币统一在同一标准下实现互联互通，成为难点。

8.7.2　以数字人民币为治理模式

中国在数字货币治理上的转变，从战略上选择了有利于自身发展方向的模式。特别是在数字人民币的治理上，将充分利用数字货币技术和方案所带来的优势，摒弃数字货币部分金融属性的弊端。在 2019 年后，我国笃定了央行数字货币的发展方向，进一步明确以数字人民币为核心治理模式，与国家战略发展形成统一体系。

1. 优化货币政策

随着我国经济金融市场的逐渐成熟、国际环境的不断变化，以及科学技术的快速发展，虽然当下宏观审慎政策的货币政策模式在市场上取得了良好的效应，但我国传统的货币政策仍在理论上和实践中面临着新的挑战。

目前我国货币政策传导渠道仍存在机制不畅通的问题。其体现在市场利率向银行贷款利率传导不畅（姚前和陈华，2018）。我国的贷款市场报价利率（loan prime rate，LPR）与银行间市场利率之间的联动关系有限，甚至出现倒挂现象（2017 年上半年，2023 年 5~6 月）。这意味着我国的 LPR 市场更多的是由内生因素决定的，而非央行宏观调整所形成（姚前和陈华，2018）。另外，2008 年金融危机后，影子银行这一概念逐渐兴起，我国的影子银行业务发展飞速。影子银行的信用创造能力是实际货币供给量较大的干扰因素，使得统计数据失真，对货币政策机制的调控和传导效果有较大影响，加大了央行对政策调控的难度，阻碍了利率传导机制（汤克明，2013）。影子银行通过理财、同业、通道业务等，将表内资产转移至表外，在某种程度上不受利率管制影响（巴曙松等，2017）。

我国的央行数字货币在现阶段采用无利率的现金替代模式，采用"可控匿名"的模式对其进行发行。保守来看，央行数字货币能够减少市场上人们对其他类型货币的依赖，如商业银行存款、私人数字货币、影子银行等，数字人民币为人们提供了另一种新的货币形式，缩短了货币政策的传导路径。与此同时，其可追溯的形态给了我国央行追踪和监控货币投放流通路径的可能性，以避免资金在金融市场上空转或者大量流向房地产等非目标调控行业。同时，我国数字人民币基于账户的模式，能够更便捷地实现基于账户余额的时变利率，更易于未来数字货币开放利率模式（de los Rios and Zhu，2020）。如果开放利率模式，虽然一方面数字人民币可能会进一步与商业银行存款利率发生竞争，为 e 商业银行存款的利率设置了底线，但另一方面也给未来留下了更多可能性，有利于货币政策打破零利率的底线。

2. 从金融脱媒走向金融回媒

金融脱媒风险是各国在推行央行数字货币高度关注的问题，我国利用商业银行作为主要投放机构的模式，不仅保证了商业银行自身的地位，也巧妙地创造了重塑金融系统的契机。面对当下的金融环境，我国的设计框架不但可以避免金融脱媒，还可以把数字人民币看作另外一种"金融回媒"的巧妙治理模式。

在我国，由于居民的消费、理财观念逐渐转变，结合金融创新技术，使得人们对商业银行的资金依赖减弱，直接融资和第三方平台融资盛行；并且居民对银行的零售功能依赖下降，数字支付普及，第三方支付如支付宝、微信支付、理财APP 等吸收了大量的居民存款，金融脱媒的现象已经发生。这几年中国央行非常关注系统性风险，特别是面对像蚂蚁金服这样利用监管漏洞而不断壮大的支付、存款、借贷业务的非银行金融机构。在信贷方面，第三方支付机构巧妙地规避了监管，以小额信贷的方式，授权了总量规模庞大的贷款，相当于变相发行了货币。

我国央行数字货币的双层投放机制，不仅可以解决货币政策目前所面临的问题，同时也可以避免金融脱媒，并在逆周期时期结合双系统更好地发挥能效（Bindseil，2020）。在我国，现行使用第三方支付和储蓄的比例越来越大，商业银行面临着与第三方私人金融机构竞争。央行数字货币的发行，将大量流通的 M1 和 M2 从第三方支付平台中吸收回央行数字货币的框架下，是对现行数字支付从非银行金融机构回归银行机构的一个过程。在这个框架下，一方面，商业银行作为主要的开设账户主体，可以通过吸收数字人民币的形式，相当于吸收居民的资金存款，起到资金回流的作用。虽然数字人民币不能用于信贷，但其吸收资金所形成的其他生态效益，包括使用习惯、数据控制权等，均会给商业银行带来新机遇。另一方面，即使第三方支付平台仍然可使用央行数字货币，其与现行的货币模式仍然不同。目前我国对第三方金融平台的货币存款理财的具体数额没有公开透明披露，经过蚂蚁金服上市事件，监管主体才发现其贷款自有资金比例的漏洞，因此资金信息具有一定的隐蔽性和滞后性。对于数字人民币，央行可以更有效地了解资金的投放量、使用量、流向等，进而更有效进行监管。

3. 促进数字经济全面转型

在国家层面的治理上，央行数字货币除了作为货币的一种形式去解决、优化我国金融系统中的相关问题，其货币属性也意味着交易属性，具备产生大数据的条件，进而实现我国在宏观经济方面的数据治理格局。

随着信息科学技术的普及，我们生活在一个数字新时代，科技的变革产生了新的劳动要素，即数据。特别是大数据，是电子设备与人们生活联通所形成的产物，是数字经济下价值分配的新要素。将数据产品化、资本化的逻辑，被称为当代资本累积的原始手段，形成数据资本主义（West，2019；Zuboff，2015）。在数据资本主义下，不同主体需要建立一种新的"数据关系"，即通过使用电子设备去获取人们的数据信息。在数据累积的过程中，涉及相关主体对与人们生活息息相关的系统进行接入、监控和追溯的情况。

在数字经济的背景下，央行数字货币为我国实现数据治理提供了便捷的渠道。我国数字人民币采用可追溯的方式，为我国利用央行数字货币进一步发展数字经济铺垫了基础属性。数字经济主要包括两大概念：一是产业数字化，指产业部门通过融合数字技术提升生产效率和生产数量；二是数字产业化，这也是将信息数据变成产业，被称为数字经济的基础组成部分（中国信通院，2017）。数字货币就是可以将整个支付产业数字化，实现潜在的数据定价交易机制，保证将微观层面治理交给市场参与者的同时，将数据的治理权力交付于国家，强化央行在支付交易数据治理结构中的主导地位，进一步推动数字要素市场的配置和完善（陈文等，2020）。长久来看，通过央行数字货币的网络可以实现庞大的交易网络系统，以其为媒介，形成标准化的体系，实现各个行业领域数据的互联互通，打破信息孤岛。

当然，我国仍需在处理数据治理模式下权衡个人隐私和公共资源的平衡点，并构建完善的数据安全管理体系，完善整个央行数字货币数据的收集、使用、加工、分析等全流程。

8.8　央行数字货币的治理博弈模型

随着全球数字化和货币变革的发展，国家主体在设计数字货币的顶层治理层面起着十分重要的作用。央行数字货币除了需要面对国内层面的治理挑战，在可预期的未来，还将面临全球多种数字货币的挑战。对于海外的多种数字货币，特别是其他国家的央行数字货币，则面临着是否选择对其他国家的央行数字货币流入市场进行监管。一般国家对其他数字货币的监管手段可以采用上文中的四种治理模型，即自由式治理模式、管家式治理模式、强硬式治理模式和封闭式治理模式。这四种模式反映了从市场主导到政策主导的监管治理情况，每一种对应的监管方式都会产生相应的监管成本，包括对法律的修订成本、对市场现象的管理成本、对风险的控制成本等。除了选择完全不监管以外，其他模式均要求政府机构投入相应的资源。有学者强调，对于数字货币的监管应该合理适度，过于严苛的监管环境会僵化科技的创新和发展（de Filippi，2014）。因此对于整个社会的发展来说，宽松的监管环境和严苛的监管环境均存在利弊。与此同时，对于公众来说，面对国外发行的央行数字货币，我们也可以根据个人需求选择是否使用该货币来谋求自身便利或者个人收益。

在央行数字货币发展的大背景下，本节通过构建政府主体和公众个体的博弈模型，在理论层面探讨当国内面临国外央行数字货币的流通使用时，双方的最优策略和潜在影响。在本节博弈模型中的参与者主要涉及国家政府和公众个体。虽然我国对于他国数字货币不监管的可能性较低，但全球很多国家都可能在初期采取不监管的跟随策略，因此为了使推广性和适用性更好，国家政府可以选择对其他国家的央行数字货币进行监管或者不监管两种策略；公众个体的策略分为使用其他国家央行数字货币和不使用其他国家的央行数字货币。

演化博弈策略起源于生物进化中的优胜劣汰、物竞天择，在该博弈策略中，参与主体被假设为有限理性的（Fishman，2008），并且参与主体很难一次性确定最优选择，会通过长时间对信息的获取，对行为进行调整，最终达到博弈的均衡状态。演化博弈中所关注的并非两个个体之间的动态关系，而是将个体放入到群体中，个体当下的互动对整个群体的影响可能不会像前一时刻的影响一样产生巨大的效应。因此，整个演化博弈过程所捕捉的是不同群体之间的，并可能存在非线性的互动（Friedman，1991）。

假设 1：国家政府采取监管策略的概率为 p，即不监管策略的概率为 $1-p$，其中 $0 \leq p(t) \leq 1$；公众个体使用外国央行数字货币的概率为 q，即不使用策略的概率为 $1-q$，其中 $0 \leq q(t) \leq 1$。

假设 2：政府对其他国家的央行数字货币的监管成本为 s，选择不监管则成本为 0。

假设 3：个体使用其他国家的央行数字货币收益为 b，不使用其他国家央行数字货币收益为 0。

假设 4：国家政府监管为个体使用其他央行数字货币带来的成本为 a，个体不使用则该成本为 0。

假设 5：公众个体使用其他国家的央行数字货币为该国带来社会成本，如对宏观货币政策的影响、社会稳定性的影响等，设该成本为 c，但如若个体不使用则为 0。

假设 6：国家政府选择监管其他国家央行数字货币时，由市场和政策共同带来的社会效益为 m；当个体不使用时，通过简化的模型，假设其他国家央行数字货币不能形成社会影响，则不存在该收益，为 0。

假设 7：国家政府选择不监管其他国家央行数字货币时，如果市场参与者选择使用其他国家的央行数字货币，完全由市场机制推动的情况也会在某种程度上带来积极的社会效应，如宽松的创新环境，因此而带来的社会效益为 n。

根据上述的假设和分析，得到政府主体和公众个人的支付矩阵，如表 8.3 所示。

表 8.3 央行数字货币治理博弈模型支付矩阵

收益		公众个人	
		使用（q）	不使用（1-q）
政府主体	监管（p）	(-s+m c, b-a)	(-s, 0)
	不监管（1-p）	(-c+n, b)	(0, 0)

对于政府主体来说，当政府主体采取监管策略的收益期望值为

$$E_p = q(-s+m-c)+(1-q)(-s)$$

当政府主体采取不监管策略的收益期望值为

$$E_{1-p} = q(-c+n)+(1-q)\times 0 = nq - cq$$

政府主体的平均期望如下：

$$E_g = pE_p + (1-p)E_{1-p} = nq - cq - npq + mpq - sp$$

对于公众个人来说，当公众个人使用其他国家央行数字货币策略的收益期望为

$$E_q = p(b-a)+(1-p)b = b - ap$$

当公众个人不使用其他国家央行数字货币策略的收益期望为

$$E_{1-q} = 0$$

公众主体的平均期望如下：

$$E_i = qE_q + (1-q)E_{1-q} = bq - apq$$

政府主体的复制动态方程为

$$U_g(p) = \frac{dq}{dt} = p(E_p - E_g) = p(1-p)(mq - s - nq) \tag{8.1}$$

公众个人的复制动态方程为

$$U_i(q) = \frac{dq}{dt} = p(E_q - E_i) = q(1-q)(b - ap) \tag{8.2}$$

令 $U_g(p)=0$，$U_i(q)=0$，求解动态方程，得到五个局部均衡点，分别为（0，0）、

（1，0）、（0，1）、（1，1）、$\left(\frac{b}{a}, \frac{s}{m-n}\right)$。以上所得的局部均衡解仍需进一步讨论其演

化稳定性，通过雅可比（Jacobian）矩阵行列式与迹的值，可以进一步判断博弈中

的进化稳定策略（evolutionarily stable strategy，ESS）。

该策略的雅可比矩阵为

$$J = \begin{bmatrix} (1-2p)(mq-s-nq) & p(p-1)(m-n) \\ -aq(1-q) & (1-2q)(b-ap) \end{bmatrix} \tag{8.3}$$

可得

$$\det J = (1-2p)(1-2q)(b-ap)(mq-s-nq) + apq(1-q)(p-1)(m-n)$$
$$\operatorname{tr} J = (1-2p)(mq-s-nq) + (1-2q)(b-ap)$$

当满足 $\det J>0$ 且 $\operatorname{tr} J<0$ 时，可以判断为上述演化博弈的均衡点，也就是政府主体和公众个人随着相互不断赋值和演化所最终选择的博弈策略。

可以看到，关于局部均衡点的大小取值，主要取决于 $(m-s-n)$ 和 $(b-a)$ 的取值（表 8.4）。因此本节将进一步讨论局部均衡点，主要分为四个情形讨论，即 $(m-s-n)$ 和 $(b-a)$ 分别为正和负的情景。由于当公众个体使用其他国家央行数字货币所带来的收益小于监管机构所带来的成本，但政府主体监管所带来的净收益大于不监管所带来的收益时，不存在演化均衡策略，因此主要讨论剩下三种情况。

表 8.4　局部均衡点特征值

均衡点	$\det J$	$\operatorname{tr} J$
$(0,0)$	$-bs$	$-s+b$
$(1,0)$	$s(b-a)$	$s+(b-a)$
$(0,1)$	$-b(m-s-n)$	$(m-s-n)-b$
$(1,1)$	$(m-s-n)(b-a)$	$-(m-s-n)-(b-a)$
$\left(\dfrac{b}{a}, \dfrac{s}{m-n}\right)$	$\dfrac{bs}{a(m-n)}\times(m-s-n)(b-a)$	0

（1）情形 1：当公众个体使用其他国家央行数字货币所带来的收益大于监管机构所带来的成本，并且政府主体监管所带来的净收益大于不监管所带来的收益，则个人主体倾向于使用国外的央行数字货币，并且政府将采取积极的监管措施对其进行治理（表 8.5）。

表 8.5　情形 1 下局部稳定性分析表格

情形 1	$b-a>0$ 且 $m-s-n>0$		
均衡点	$\det J$	$\operatorname{tr} J$	稳定性
$(0,0)$	$-$	不确定	鞍点
$(1,0)$	$+$	$+$	不稳定
$(0,1)$	$-$	不确定	鞍点
$(1,1)$	$+$	$-$	ESS
$\left(\dfrac{b}{a}, \dfrac{s}{m-n}\right)$	$+$	0	中心

（2）情形 2：当公众个体使用其他国家央行数字货币所带来的收益大于监管机构所带来的成本，但是政府主体监管所带来的净收益小于不监管所带来的收益，则个人主体倾向于使用国外的央行数字货币，政府则选择不监管。这种方式更接近于自由式治理模式，主要采取市场主导的方式，通过市场机制对流入国内的其他央行数字货币进行自适（表 8.6）。

表 8.6　情形 2 下局部稳定性分析表格

情形 2	$b-a>0$ 且 $m-s-n<0$		
均衡点	$\det J$	$\operatorname{tr} J$	稳定性
$(0,0)$	－	不确定	鞍点
$(1,0)$	＋	＋	不稳定
$(0,1)$	＋	－	ESS
$(1,1)$	－	不确定	鞍点
$\left(\dfrac{b}{a},\dfrac{s}{m-n}\right)$	不确定	0	□

（3）情形 3：当公众个体使用其他国家央行数字货币所带来的收益小于监管机构所带来的成本，且政府主体监管所带来的净收益小于不监管所带来的收益时，政府会选择不监管，但个人主体仍然会选择使用国外的央行数字货币（表 8.7）。

表 8.7　情形 3 下局部稳定性分析表格

情形 3	$b-a<0$ 且 $m-s-n<0$		
均衡点	$\det J$	$\operatorname{tr} J$	稳定性
$(0,0)$	－	不确定	鞍点
$(1,0)$	－	不确定	鞍点
$(0,1)$	＋	－	ESS
$(1,1)$	＋	＋	不稳定
$\left(\dfrac{b}{a},\dfrac{s}{m-n}\right)$	不确定	0	□

可以看到，有限理性的政府机构考虑监管成本，进而选择是否监管，但其实无论政府在未来是否选择对流通于本国市场的外国央行数字货币进行监管，对于公众个体来说，使用这些数字货币是最终的策略。动态博弈的稳定策略也可以印

证数字货币快速发展的轨迹，在某种程度上反映了数字货币和央行数字货币流通于国际市场的趋势性和必然性。

因此，对于各国政府来说，要做好迎接多样化的央行数字货币和数字货币在世界流通的准备。在演化博弈的过程中，个体对多种数字货币的使用是均衡策略。政府主体不应该通过完全封闭的治理模式规避数字货币发展的事实，而是要正视数字货币竞争存在的问题，特别是未来本国数字货币可能拓展至国外，同时可能存在多国央行数字货币在各国同时流通的情形。最好的选择是提前规划治理方向，做好接受数字货币竞争的事实，并且随着不断衍生变化的事件而调整治理模式，更好地发挥央行数字货币在国内的效用。

与此同时，在该博弈模型中，收益和成本被以简化的模式进行分析，现实中可能有更多其他未能考虑进去的因素，这些因素有可能会对实际结果产生影响，特别是在风险层面的因素。因此，政府主体也要注意应对多种央行数字货币在国内流通使用的风险，这些风险可能区别于现阶段私人数字货币和公共数字货币所带来的影响，存在一定未知性。在政府主体选择治理方式的过程中，不仅仅要考虑成本效益问题，还要从长远的角度，综合地衡量研究发展央行数字货币对本国政治、经济、科技、社会等的综合影响，做出符合时代发展进步、具有前瞻性、可适度灵活调整的数字货币治理策略。

8.9　本章小结

本章站在国家治理角度，主要以我国数字货币的发展路径为案例，分析了数字货币在国家中的治理模式和未来潜力，以及央行数字货币的全球发展情况。首先，本章提出了四种主权国家对数字货币的治理模式，包括自由式治理模式、管家式治理模式、强硬式治理模式和封闭式治理模式。不同治理模式之间主要区别于市场和政策的决策，选择的方案取决于各个国家对数字货币的风险承受能力和主要驱动力。然后，本章阐述了数字货币在我国的发展阶段及数字货币在我国的主要风险考虑。根据我国出台的数字货币法律法规，本章将其分为三个时期，早期的自由发展期、中期的弱监管时期，以及现在的后监管时代。在这三个不同阶段，所面临的主要风险也存在差异。发展初期由于无监管，主要的风险是游离于法律框架之外使用的违规风险；在弱监管时代，数字货币市场的投机性和不确定性带来了极大的社会风险；在后监管时代，随着全球数字货币的竞争加剧，主要面临的风险是金融风险，特别是系统性风险及对主权国家金融系统挑战的风险。在后监管时代，我国摒弃了数字货币高风险的一面，选择将央行数字货币作为长期发展战略。本章梳理了央行数字货币相关的概念、特征及其在各国的发展情况，阐述了我国央行数字货币的治理模式及其带来的优势，认为央行数字货币的治理模式可以优化货币政策、帮助我国走向金融回媒，并促进数字经济全面转型。最后，本章将央行数字货币的治理进一步推广至整体框架层面，利用博弈论，探讨了未来市场上，当海外央行数字货币进入国内市场时，政府主体和公众个人的演化博弈策略。结果表明，无论政府是否考虑监管新进入的央行数字货币，个体都将选择使用这些竞争性的央行数字货币，因此国家有必要积极正视数字货币的竞争，做好央行数字货币治理准备，以随时应对外界的新兴数字货币。

第五篇　结论与展望

第9章 总　结

9.1　主　要　结　论

自 2008 年比特币诞生后，数字货币的构想从乌托邦之梦，逐渐走向现实，步入大众视野，直至成为当今全球各个机构及主权国家的战略发展方向。数字货币是区别于一般法定货币的新兴事物，它没有实体支持，主要以技术为依托，颠覆了人们对传统货币的理解，为当下的新兴科技、数字经济、金融市场，以及货币发展都带来意想不到的创新。但同时，数字货币的投机泡沫、非法交易、金融稳定性等又给现有体系框架带来了巨大的风险和挑战。在这种背景下，本书从数字货币自身的发展入手，结合历史文献，分析其诞生、发展的历程及原因，勾勒出数字货币及其研究的成长蓝图。在此基础上，本书立足数字货币的风险，分析了数字货币市场之间及其与传统金融市场之间，不同时期的风险特征和风险传染路径。而后，基于数字货币市场所呈现出的相关风险因素和特征，进一步构建了数字货币的市场风险指数。除了站在金融市场的角度，本书还从国家宏观治理层面，对数字货币，特别是私人数字货币的风险进行了深入的探究。最后结合当下数字货币的发展趋势和国家治理的思维框架，构建了宏观层面的风险治理策略。并以数字货币在我国的发展历程为例，对其发展阶段及治理模式进行了深入解读，进一步分析了央行数字货币的未来发展潜力及应对策略。

本书的主要结论如下。

第一，数字货币在市场上的风险存在于多维度。一方面，主要取决于数字货币市场自身的波动，特别是大市值币种，以比特币为首，数字货币与比特币之间呈现出高度的动态相关性。另一方面，数字货币市场在不同时段和风险时期，对传统金融市场及资产拥有不同的风险效应。这一结论可以在现有文献中得到证实（Bouri et al.，2017a；Ji et al.，2018）。在新冠疫情冲击之前，数字货币与全球多种市场和资产之间的风险传染很弱；但在新冠疫情暴发期，数字货币主要受到欧洲股市、美国股市和恐慌情绪的风险传染，而数字货币市场的风险则被传递至以黄金为首的传统避险资产中。在风险特征及传导方面的研究，揭示了数字货币的风险来源，补充了现有文献中数字货币发展中风险动态变化的新特性。

第二，基于上述对数字货币市场的风险探究，本书进一步构建了数字货币市场风险指数。该指数融合了数字货币自身特点、外部环境、关注程度及其他金融市场四个维度，根据信息的差异性和关联性确定了不同指标的权重。通过对数字货币市场风险指数的构建和趋势分析，本书识别了两次数字货币高风险时期，第一次主要源于数字货币市场成长发展引起的泡沫，第二次则源于全球新冠疫情大流行。指数显示，截至 2020 年 12 月 31 日，数字货币市场风险的整体平均水平增加，正呈现出逐渐上升的趋势。这一指数的构建，可以帮助预警并描绘数字货币的市场风险，提升相关主体在投资决策、监督管理等过程中对整体风险水平把控和管理的能力。

第三，私人数字货币会带来多方面的巨大挑战，并给国家治理增加风险，特别是背景实力强大的大型科技公司发行的超主权数字货币。现行法律对数字货币规范和监管的空白，并不是阻碍私人数字货币跨国发行的主要因素，法律框架需要多方合作共同努力协调。数字货币背后所带来的数据资本问题以及对主权货币的竞争挑战，才是私人数字货币触及各国家利益的真正原因。长远来看，即使主权国家发行法定数字货币，超主权的私人数字货币也有削弱主权货币话语权、挑战公共权力的可能性。

第四，数字货币及其治理之间是不断动态演化的关系。在整个治理过程中，需要考虑各方风险因素和自身治理需求，不断把握数字货币的发展机遇，逐渐形成符合当地情况的、具体的、合理的数字货币治理模式。本书结合现有文献及各国监管情况，根据风险承受能力和驱动力，提出了自由式、管家式、强硬式、封闭式四种治理模式。以我国为案例，分析了数字货币在我国发展的三个阶段，及其发展过程中的主要风险考量和治理模式的变化、调整。在国家层面，各国都在积极投入对央行数字货币的研究和发展，努力保证金融系统的弹性，发展数字货币成为融合科技创新、顺应时代发展的选择。我国法定数字货币的设计和发行，是对数字货币的多面性"取其精华，去其糟粕"后的战略选择，最终将能够带来长期发展优势。

9.2　政　策　建　议

基于本书的研究和结论，提出以下政策建议。

（1）尽快完善对数字货币领域的监管。

我国在 2017 年对私人数字货币的使用和交易进行了严查，在政策层面阻断了很多高风险活动，但是在现实中仍无法完全禁止数字货币在我国流通。以中性的态度去审视数字货币，我们可以发现无论是从科学技术、周边产业，还是从创新领域和管理模式上，其都带来了新的发展力。虽然国际上对数字货币的监管政策和风险管理还没有形成统一标准，但很多国家已经开始针对数字货币的新问题对现行法律进行修改和调整，考虑逐渐将其纳入监管范围，填补法律空白。随着数字货币市场的不断发展，一些国家看到其投资潜力，将机构投资合法化，这让数字货币成为更多机构投资者的资产配置选择。在现阶段，虽然我国仍持有保守态度，但同样需要未雨绸缪、放眼未来，更长远地考虑跨国公司在经营管理投资数字货币方面的问题。特别是我国的跨国企业，在海外参与数字货币交易对冲，或持有数字货币资产可能在风险规避上存在一定正向意义。虽然一些数字货币活动，如初次代币发行和交易所经营在我国被禁止，但毋庸置疑，数字货币的发展成为全球趋势，我们必须随时在法律范围内做好准备，去应对国际上出现的其他数字货币或者超主权货币，在法律上构建抵御风险的基础堡垒。

（2）关注全球数字货币发展，积极参与竞争。

世界经济、金融、科技发展交融，但新冠疫情的冲击，加速推进全球形成新格局，数字货币的发展也被越来越多的国家所关注。全球多个国家对央行数字货币开展了研究，并表明可能在未来会广而推之。我国应如何积极应对其他数字货币对人民币、我国货币体系和世界货币体系的冲击呢？发行央行数字货币成为未来国家维护数字边疆的手段和战略，我国需要尽快完善法定数字货币的发行蓝图，积极推进法定数字货币在我国的使用，特别是在数字经济、金融科技中的使用，在确保质量和安全的前提下加快推进试点，逐步从适用于国内的央行数字货币的一点化应用，走向多点化的国际应用，占领数字货币国际化的先机。发行主权数字货币是一种崭新的尝试，我国可能成为世界上最早一批发行法定数字货币的国家，拥有先发优势，随着我国经济的高速发展，经济体量越来越大，人民币在国际上的地位越来越高，数字人民币将具备在众多数字货币中脱颖而出的竞争力。发行法定数字货币也是积极参与数字货币竞争的一种治理选择，我国应该利用好该优势，构建完善的数字货币系统，以增加我国对数字货币领域风险的监管能力和对抗能力。

（3）增强数字货币在各个领域的国内外合作。

对于国内合作，我国首先应利用自身优势，结合统一规划、统筹兼顾、全面协调的体制特点，重视金融创新，把数字货币纳入数字经济发展的重要战略。其次，在操作层面，我国应继续推动企业界、学术界和政府机构在数字货币和区块链领域全面、系统、深入地合作，构建良好的发展氛围，逐渐形成以数字货币和区块链为核心的产业生态系统。在国际层面，我国也应该放眼全球，主动地去领导数字货币相关领域的研究工作和应用发展。目前在国际上，BIS、国际货币基金组织、欧盟等跨国机构均在推动对央行数字货币的多边合作研究，我国也需要有效把握和利用国际资源，积极地与其他国家和机构开展合作，确保对国际最新动向的追踪和参与能力。另外，无论是比特币还是天秤币，都证明了数字货币的超主权特性。对于未来超主权货币发行的可能性，想要及时发现并制止其在违法领域的活动，需要各国政府的共同努力，尽快形成全球统一的基本治理框架，共同应对并携手完成数字货币的风险管理和治理。

9.3　数字货币的发展与展望

9.3.1　数字货币衍生出的生态系统

数字货币的发行不仅为人们提供了一种新的交易方式和支付模式，更是创造了一个完整的货币、科技、基础设施生态系统。例如，比特币诞生所形成的新生态包括其上游的矿机、芯片产业，中游的交易平台、钱包和支付产业，下游的应用和零售产业。同样，私人货币也可以创造新生态。例如，天秤币超主权的货币属性在发行和流通环节引入了更多利益相关者，按照最初的规划蓝图，天秤币网络将增加其他符合要求的节点确认者，共同对其进行管理，进而形成某种利益联盟。虽然天秤币项目以失败而告终，但也展示给我们私人数字货币具备形成具有巨大影响生态系统的潜力。

未来在数字货币的设计、发行和管理中，只有带动周边利益相关者共同完成价值实现，才能走得更加长远。我国在设计数字货币时可以放眼全球多种数字货币的设计机制，"取其精华，去其糟粕"，发展出既符合国情又具有发展潜力的新型货币。目前阶段，区块链和数字货币的研发成本高，使用上用户友好性较低。无论是央行还是其他组织，都要考虑如何让利益相关者产生主观能动性，在推广和使用数字货币过程中做到利益共享，多赢模式才能更好地推进数字化进程。我们可以借鉴其他数字货币的治理模式，如天秤币最初的利益集团模式，形成收益共享、权力共治和相互制约的共同体；又如比特币、ETH 形成共同治理的生态环境等。但是，我国也不能完全照搬其他数字货币以私人利益、企业利益或者其他主体利益为导向的模式，还是要站在国家层面甚至全球层面，考虑发行数字货币带来的长远影响，本着更好地为人民服务的初心，不断完善我国的金融体制，丰富金融科技创新，为人民币国际化逐渐铺平道路。

9.3.2　数字货币不同特性之间的权衡选择

在技术驱动下的数字货币形成了独特的性质，包括用户交易的匿名性、交易记录的透明性、加密技术的安全性等。面对数字货币的不同特性，在其设计时，常常存在矛盾、出现困境。第一，匿名性与透明性。一旦某种数字货币具备了较高的匿名性，就意味着背后交易主体身份的不确定性增加，监管机构则无法实现有效管理，如 Zcash、DASH、Monero 等，在身份识别方面完全不可查。比特币虽然不采用实名制，但是由于它的交易信息完全暴露在公开的区块中，一个地址的身份暴露，则会得到一系列关联交易地址的身份确定。相较之下，比特币在匿名性上不如前者，更容易实现身份追查。第二，中心化与去中心化。中心化或者半中心化的数字货币可以采用联盟链或者私有链，在工作效率方面相较于去中心化的数字货币具有更大优势，可以更好地满足交易的高并发性和延展性。去中心化的数字货币则可以引入更多参与者，利用透明度高的特征满足人们对公平公正的追求。在技术方面，也可以达到更好的兼容性，如以太坊可以实现不同应用程序的开发等。

数字货币的特性通常存在着冲突性，侧重某一性质时必将对另一特性进行妥协，因此发行主体在设计之初明确发行数字货币的目的十分重要。同时，无论是分布式数字货币还是中心化数字货币，一味地追求某种特性也未必是最佳结果。例如，公链上的数字货币具有不可篡改性，那么完全不可篡改真的是最优选择吗？不可篡改性是否让被遗忘权成为不可能等？在以太坊被盗事件后，社区选择对整条区块链的重写是公共区块链享有不可篡改和选择遗忘的代价。因此，数字货币的设计要求发行主体对不同特性进行平衡，结合应用需求，在创造阶段就对数字货币的运作机制进行周密的计划。

9.3.3 数字货币的价值趋向于稳定，管理趋向于中心化

一方面，作为交易媒介，能够储存价值、保持价值稳定是数字货币避免成为投机渠道而实现大范围应用的前提。比特币价值的巨大波动被学者、专家、业界以及用户诟病，被视为"投机产品"（Baur et al.，2018），未能成为广泛使用的交易货币。当下各国对价值波动币的威胁论已经有所放松，更多的是聚焦于稳定币的发展，特别是在天秤币白皮书发布以及 UST 稳定币脱锚事件后，全球对稳定币的讨论到达了一个小高峰。在某种程度上，我们可以把稳定币当作信用货币到科技货币过渡的环节，其主要的一种背书方式仍是依靠某一主权国家的法定货币。未来，央行数字货币也可以被看作稳定币的一种。

另一方面，市场的选择逐渐趋向于（半）中心化的管理发展，也就是联盟或者单一中心机构发行的数字货币。去中心化数字货币缺乏中心性的管理机构，可能由于创始团队或者志愿者团队的激励不足，很难持续性地对去中心化的项目进行合理的维护、管理和后续开发。因此市面上在不断产生新数字货币的同时，也不断有数字货币退出市场。以比特币和以太币为例，虽然它们是龙头币种，目前已有较为成熟的社区团队进行管理，但各个利益相关者仍难以针对治理问题达成共识。例如，在比特币扩容问题上，由于未能达成共识，比特币分叉为比特币和比特币现金两个分支；以太坊在 2016 年 DAO 事件中被盗了大量的以太币，在以太坊创始人的呼应下，同意追溯回滚被盗的一方造就了 ETH，而不同意追溯调整的一方则延续了 ETC。如果数字货币逐渐成为普及的货币形式，以上管理问题将

会为使用者带来灾难性打击。因此未来更可能形成类似利益集团管理模式的数字货币，以利益集团为货币发行和规则制定者，保证发行者与参与者之间双方的利益，通过集体协作来维护数字货币体系的运作。

9.4 数字货币的未来研究展望

本书围绕数字货币的风险管理，在金融市场层面和国家治理层面开展了研究。但在目前阶段，数字货币的研究仍处于起步阶段，对于这种新兴资产的风险特征、管理方法和治理模式仍有很多研究空白与需要加深理解之处。因此，未来的研究方向，可以在现有研究的基础上，在以下几个方面开展进一步探究。

第一，探究数字货币阶段性的差异。随着时间的变化，数字货币的风险无论是在市场层面还是在国家治理层面，都会呈现出阶段性的差异。随着数字货币的发展和演化，可关注其风险特征的动态变化，以及不同事件带给数字货币的影响等。我们可以通过对数字货币与其他利益相关者之间的互动，进一步发现其在历史演变过程中不断发生的风险变化，从而更好地去管理数字货币，并做好参与全球竞争的准备，如数字货币与法定货币共存过程中对于不同主体在各个阶段的利益权衡、新冠疫情后数字货币的发展情况等。

第二，进一步完善数字货币风险管理及治理的框架。虽然本书已经从不同维度对数字货币的风险进行了研究，但数字货币的风险仍然存在于其他维度，如技术层面、具体应用层面等。本书对数字货币的整体风险框架还可以进一步扩充，从不同视角出发，搭建出更综合、更全面且适用性更广的风险管理框架。

第三，对更加具体的情景和问题进行研究。在本书中主要考虑的风险因素以整体市场较为普遍性的影响驱动力为主，当涉及某种特定的数字货币，或者某个特定的情形时，研究结论可能产生差异。因此，研究可以进一步结合理论搭建、模型推论和案例实践，开展更具体的研究分析。例如，某一特定利益相关者的考虑，具体的发展路径和实施过程，以及在对数字货币管理、监督和治理过程中不断出现的问题等。

参 考 文 献

巴曙松，乔若羽，郑嘉伟. 2017. 化解影子银行风险. 新理财（政府理财），（12）：42-43.

陈文，张磊，杨涛. 2020. 数据治理视角下央行数字货币的发行设计创新. 改革，（9）：68-79.

杜孝平，赵凯琪，袁伟，等. 2018. 中小企业综合能力评价研究. 中国科学技术大学学报，48（6）：467-476.

弗罗斯特 J，甘巴科尔塔 L，黄毅，等. 2019. 大型科技公司来敲门：金融结构的消融. 金融市场研究，88（9）：17-29.

郭笑春，胡毅. 2020. 数字货币时代的商业模式讨论：基于双案例的比较研究. 管理评论，32（1）：324-336.

国家互联网金融安全技术专家委员会. 2017. 2017 上半年国内 ICO 发展情况报告. 北京：国家互联网金融安全技术专家委员会.

黄国平. 2020. 数字货币风险管理与监管. 银行家，（5）：11-13.

刘津含，陈建. 2018. 数字货币对国际货币体系的影响研究. 经济学家，（5）：17-22.

刘壮，袁磊. 2019. 开放经济、比特币流动与资本外逃研究. 技术经济与管理研究，（12）：75-83.

吕江林，郭珺莹，张斓弘. 2020. 央行数字货币的宏观经济与金融效应研究. 金融经济学研究，35（1）：3-19.

马威. 2013. 金融危机预警指数构建及其应用研究. 长沙：湖南大学.

冒艳玲. 2017. 数字货币的发展趋势与风险管理. 中国信息化，（9）：96-98.

穆长春. 2020. 顺应技术演进和经济发展趋势 积极推进以我为主的法定数字货币. 旗帜，（11）：65-66.

汤克明. 2013. 影子银行体系发展及其对货币政策传导机制的影响. 武汉金融，（3）：26-28.

汪洁琼. 2019. 新三板市场风险和流动性风险的关系研究：基于 DCC-GARCH 模型的实证分析. 价格理论与实践，（10）：79-82.

汪克夷，栾金昶，武慧硕. 2009. 基于组合客观赋权法的科技评价研究. 科技进步与对策，26（6）：129-132.

王明国. 2015. 全球互联网治理的模式变迁、制度逻辑与重构路径. 世界经济与政治，（3）：47-73，157-158.

王韧，李霓，贾荣言. 2020. 我国上市保险公司系统性风险的动态相关性研究：基于 DCC-GARCH 模型. 经济问题，（3）：58-63.

夏清，张凤军，左春. 2017. 加密数字货币系统共识机制综述. 计算机系统应用，26（4）：1-8.

姚前. 2017. 数字货币的发展与监管. 中国金融，（14）：38-40.

姚前，陈华. 2018. 数字货币经济分析. 北京：中国金融出版社：335.

张雨婕，陈林萍. 2018. 关于数字货币的文献综述. 金融经济，（6）：17-19.

赵越强. 2020. 公共和私有部门数字货币的发展趋势、或有风险与监管考量. 经济学家，（8）：

110-119.

中国人民银行数字货币研究所区块链课题组. 2020. 区块链技术的发展与管理. 中国金融,（4）:
　　28-29.

中国信通院. 2017. 中国数字经济发展白皮书. http://www.cac.gov.cn/files/pdf/baipishu/
　　shuzijingjifazhan.pdf?eqid=833a8b7300125a3c000000026437f70a[2023-07-03].

朱晓武. 2019. 区块链技术驱动的商业模式创新:DIPNET 案例研究. 管理评论, 31（7）:65-74.

Aalborg H A, Molnár P, de Vries J E. 2019. What can explain the price, volatility and trading volume
　　of Bitcoin?. Finance Research Letters, 29:255-265.

Abbott K W. 2013. Introduction: the challenges of oversight for emerging technologies//Marchant G
　　E, Abbott K W, Allenby B. Innovative Governance Models for Emerging Technologies.
　　Cheltenham: Edward Elgar Publishing: 1-16.

Adrian T, Mancini-Griffoli T. 2019. The rise of digital money. FinTech Notes,（1）:1-20.

Al-Awadhi A M, Alsaifi K, Al-Awadhi A, et al. 2020. Death and contagious infectious diseases:
　　impact of the COVID-19 virus on stock market returns. Journal of Behavioral and Experimental
　　Finance, 27:100326.

Androulaki E, Karame G O, Roeschlin M, et al. 2013. Evaluating user privacy in Bitcoin//Sadeghi A
　　R. Financial Cryptography and Data Security. Okinawa: 17th International Conference: 34-51.

Antonopoulos A M. 2014. Mastering Bitcoin: Unlocking Digital Crypto-Currencies. Sevastopol:
　　O'Reilly Media Inc: 298.

Auer R, Cornelli G, Frost J. 2020a. Rise of the central bank digital currencies: drivers, approaches
　　and technologies. https://www.cesifo.org/DocDL/cesifo1_wp8655.pdf[2024-05-16].

Auer R, Cornelli G, Frost J. 2020b. Covid-19, cash, and the future of payments. BIS Bulletins, 4（3）:
　　1-9.

Aven T. 2012. The risk concept-historical and recent development trends. Reliability Engineering &
　　System Safety, 99:33-44.

Aven T, Renn O. 2010. Risk Management and Governance: Concepts, Guidelines and Applications.
　　Berlin: Springer-Verlag: 292.

Awokuse T O, Bessler D A. 2003. Vector autoregressions, policy analysis, and directed acyclic
　　graphs: an application to the U.S. economy. Journal of Applied Economics, 6（1）:1-24.

Aysan A F, Demir E, Gozgor G, et al. 2019. Effects of the geopolitical risks on Bitcoin returns and
　　volatility. Research in International Business and Finance, 47:511-518.

Azouvi S, Maller M, Meiklejohn S. 2018. Egalitarian society or benevolent dictatorship: the state of
　　cryptocurrency governance//Zohar A, Eyal I, Teague V, et al. Financial Cryptography and Data
　　Security. Nieuwpoort: FC 2018 International Workshops: 127-143.

Babaioff M, Dobzinski S, Oren S, et al. 2012. On bitcoin and red balloons. Valencia: Proceedings
　　of the 13th ACM Conference on Electronic Commerce: 56-73.

Back A. 2002. Hashcash-a denial of service counter-measure. http://www.hashcash.org/hashcash.pdf
　　[2023-07-03].

Barontini C, Holden H. 2019. Proceeding with caution-a survey on central bank digital currency. BIS
　　Papers.

Baur D G, Hong K H, Lee A D. 2018. Bitcoin: Medium of exchange or speculative assets? . Journal of International Financial Markets, Institutions and Money, 54: 177-189.

Bauwens M, Kostakis V. 2013. The reconfiguration of time and place after the emergence of peer-to-peer infrastructures//Charitos D, Theona I, Dragona D, et al. Hybrid City 2013. Athens: University of Athens: 295-298.

Beaumier G, Kalomeni K, Campbell-Verduyn M, et al. 2020. Global regulations for a digital economy: between new and old challenges. Global Policy, 11 (4): 515-522.

Bech M L, Garratt R. 2017. Central bank cryptocurrencies. Basel: BIS Quarterly Review: 55-70.

Bedeian A G, Mossholder K W. 2000. On the use of the coefficient of variation as a measure of diversity. Organizational Research Methods, 3 (3): 285-297.

Będowska-Sójka B, Hinc T, Kliber A. 2020. Volatility and liquidity in cryptocurrency markets—the causality approach//Jajuga K, Locarek-Junge H, Orlowski L T, et al. Contemporary Trends and Challenges in Finance. Cham: Springer Cham: 31-43.

Bessler D A, Yang J. 2003. The structure of interdependence in international stock markets. Journal of International Money and Finance, 22 (2): 261-287.

Bindseil U. 2020. Tiered CBDC and the financial system. European Central Bank Working Paper.

Bjerg O. 2016. How is Bitcoin money? . Theory, Culture & Society, 33 (1): 53-72.

Bjerg O. 2017. Designing new money-the policy trilemma of central bank digital currency. CBS Working Paper.

Boar C, Holden H, Wadsworth A. 2020. Impending arrival-a sequel to the survey on central bank digital currency. BIS Papers.

Böhme R, Christin N, Edelman B, et al. 2015. Bitcoin: economics, technology, and governance. Journal of Economic Perspectives, 29 (2): 213-238.

Bohr J, Bashir M. 2014. Who Uses Bitcoin? An exploration of the Bitcoin community. 2014 Twelfth Annual International Conference on Privacy, Security and Trust .

Bonneau J, Miller A, Clark J, et al. 2015. SoK: research perspectives and challenges for Bitcoin and Cryptocurrencies. 2015 IEEE Symposium on Security and Privacy.

Borri N, Shakhnov K. 2020. Regulation spillovers across cryptocurrency markets. Finance Research Letters, 36: 101333.

Bosso C. 2013. The enduring embrace: the regulatory ancien régime and governance of the nanomaterials in the U.S.. Nanotechnology Law & Business, 9 (4): 381-392.

Bouri E, Gupta R, Roubaud D. 2019. Herding behaviour in cryptocurrencies. Finance Research Letters, 29: 216-221.

Bouri E, Gupta R, Tiwari A K, et al. 2017a. Does Bitcoin hedge global uncertainty? Evidence from wavelet-based quantile-in-quantile regressions. Finance Research Letters, 23: 87-95.

Bouri E, Jalkh N, Molnár P, et al. 2017b. Bitcoin for energy commodities before and after the December 2013 crash: diversifier, hedge or safe haven? . Applied Economics, 49 (50): 5063-5073.

Bouri E, Molnár P, Azzi G, et al. 2017c. On the hedge and safe haven properties of Bitcoin: is it really more than a diversifier? . Finance Research Letters, 20: 192-198.

Bouri E, Vo X V, Saeed T. 2021. Return equicorrelation in the cryptocurrency market: analysis and determinants. Finance Research Letters, 38: 101497.

Brauneis A, Mestel R. 2019. Cryptocurrency-portfolios in a mean-variance framework. Finance Research Letters, 28: 259-264.

Brière M, Oosterlinck K, Szafarz A. 2015. Virtual currency, tangible return: portfolio diversification with Bitcoin. Journal of Asset Management, 16 (6): 365-373.

Brito J. 2013. Beyond Silk Road: potential risks, hreats, and promises of virtual currencies. Homeland Security and Governmental Affairs.

Campbell-Verduyn M. 2017. Bitcoin and Beyond: Cryptocurrencies, Blockchains, and Global Governance. London: Routledge: 212.

Campbell S. 2005. Determining overall risk. Journal of Risk Research, 8 (7/8): 569-581.

Carpenter C R, Cone D C, Sarli C C. 2014. Using publication metrics to highlight academic productivity and research impact. Academic Emergency Medicine, 21 (10): 1160-1172.

Castells M. 2007. Communication, power and counter-power in the network society. International Journal of Communication, 1 (1): 238-266.

Chauhan A, Malviya O P, Verma M, et al. 2018. Blockchain and scalability. 2018 IEEE International Conference on Software Quality, Reliability and Security Companion (QRS-C).

Chaum D. 1983. Blind signatures for untraceable payments//Chaum D, Rivest R L, Sherman A T. Advances in Cryptology Proceedings of Crypto 82. Berlin: Springer-Verlag: 199-203.

Chaum D. 1991. Zero-knowledge undeniable signatures (extended abstract). EUROCRYPT'90: proceeding of the workshop on the application of cryptographic techniques on advances in cryptology. Berlin: Springer-Verlag: 458-464.

Cheah E-T, Fry J. 2015. Speculative bubbles in Bitcoin markets? An empirical investigation into the fundamental value of Bitcoin. Economics Letters, 130: 32-36.

Chen C M. 2004. Searching for intellectual turning points: progressive knowledge domain visualization. Proceedings of the National Academy of Sciences of the United States of America, 101: 5303-5310.

Chen C M. 2006. CiteSpace II: detecting and visualizing emerging trends and transient patterns in scientific literature. Journal of the American Society for Information Science and Technology, 57 (3): 359-377.

Chen C Y H, Hafner C M. 2019. Sentiment-induced bubbles in the cryptocurrency market. Journal of Risk and Financial Management, 12 (2): 53.

Chen L. 2016. From fintech to finlife: the case of fintech development in China. China Economic Journal, 9 (3): 225-239.

Cheng H P, Yen K C. 2020. The relationship between the economic policy uncertainty and the cryptocurrency market. Finance Research Letters, 35: 101308.

Chohan U W. 2017. Cryptocurrencies: a brief thematic review. SSRN Electronic Journal.

Christin N. 2013. Traveling the Silk Road: a measurement analysis of a large anonymous online marketplace. https://www.andrew.cmu.edu/user/nicolasc/publications/TR-CMU-CyLab-12-018.pdf[2024-05-16].

Ciaian P, Rajcaniova M, Kancs D. 2016. The economics of Bitcoin price formation. Applied

Economics, 48 (19): 1799-1815.

Clark J, Essex A. CommitCoin: Carbon Dating Commitments with Bitcoin//Keromytis A D. Financial Cryptography and Data Security. Kralendijk: 16th International Conference.

Clegg A G. 2014. Could Bitcoin be a financial solution for developing economies?. https:// cointhinktank.com/upload/Could Bitcoin Be A Financial Solution For Developing Economies. pdf[2024-05-16].

Cocco L, Pinna A, Marchesi M. 2017. Banking on blockchain: costs savings thanks to the blockchain technology. Future Internet, 9 (3): 25.

Cogley T, Nason J M. 1995. Effects of the Hodrick-Prescott filter on trend and difference stationary time series implications for business cycle research. Journal of Economic Dynamics and Control, 19 (1/2): 253-278.

Conlon T, McGee R. 2020. Safe haven or risky hazard? Bitcoin during the Covid-19 bear market. Finance Research Letters, 35: 101607.

Corbet S, Hou Y (Greg), Hu Y, et al. 2021. Pandemic-related financial market volatility spillovers: evidence from the Chinese covid-19 epicentre. International Review of Economics and Finance, 71: 55-81.

Corbet S, Larkin C, Lucey B. 2020. The contagion effects of the COVID-19 pandemic: evidence from gold and cryptocurrencies. Finance Research Letters, 35: 101554.

Corbet S, Meegan A, Larkin C, et al. 2018. Exploring the dynamic relationships between cryptocurrencies and other financial assets. Economics Letters, 165: 28-34.

Coudert V, Raymond-Feingold H. 2011. Gold and financial assets: are there any safe havens in bear markets?. Economics Bulletin, 31 (2): 1613-1622.

CPMI. 2015. Digital currencies. https://www.bis.org/cpmi/publ/d137.pdf[2023-03-16].

CPMI-MC. 2018. Central bank digital currencies. https://www.bis.org/cpmi/publ/d174.pdf[2023-03-25].

Das D, Le Roux C L, Jana R K, et al. 2020. Does Bitcoin hedge crude oil implied volatility and structural shocks? A comparison with gold, commodity and the US Dollar. Finance Research Letters, 36: 101335.

Davoodalhosseini M, Rivadeneyra F, Zhu Y. 2020. CBDC and monetary policy. https://www. bankofcanada.ca/2020/02/staff-analytical-note-2020-4/[2023-03-18].

de Filippi P. 2014. Bitcoin: a regulatory nightmare to a libertarian dream. Internet Policy Review, 3 (2): 1-11.

de los Rios A D, Zhu Y. 2020. CBDC and monetary sovereignty. Bank of Canada.

Demir E, Gozgor G, Lau C K M, et al. 2018. Does economic policy uncertainty predict the Bitcoin returns? An empirical investigation. Finance Research Letters, 26: 145-149.

Deng H, Huang R H, Wu Q R. 2018. The regulation of initial coin offerings in China: problems, prognoses and prospects. European Business Organization Law Review, 19 (3): 465-502.

Diakoulaki D, Mavrotas G, Papayannakis L. 1995. Determining objective weights in multiple criteria problems: The critic method. Computers & Operations Research, 22 (7): 763-770.

Diebold F X, Yilmaz K. 2009. Measuring financial asset return and volatility spillovers, with application to global equity markets. The Economic Journal, 119 (534): 158-171.

Diebold F X，Yilmaz K. 2012. Better to give than to receive：predictive directional measurement of volatility spillovers. International Journal of Forecasting，28（1）：57-66.

Diebold F X，Yilmaz K. 2014. On the network topology of variance decompositions：measuring the connectedness of financial firms. Journal of Econometrics，182（1）：119-134.

Digital Dollar Foundation，Accenture. 2020. The Digital Dollar Project—exploring a US CBDC. https://m.waitang.com/report/23184.html[2023-03-25].

Dungey M，Gajurel D. 2014. Equity market contagion during the global financial crisis：evidence from the world's eight largest economies. Economic Systems，38（2）：161-177.

Dyhrberg A H. 2016. Bitcoin，gold and the dollar-A GARCH volatility analysis. Finance Research Letters，16：85-92.

Dyson B，Hodgson G. 2016. Digital cash：why central banks should start issuing electronic money. https://positivemoney.org/wp-content/uploads/2021/10/Digital-Cash-Positive-Money.pdf[2023-03-25].

Economist. 2017. Cryptocrackdown-Once a leader in virtual currencies，China turns against them. The Economist.https://www.economist.com/finance-and-economics/2017/09/30/once-a-leader-in-virtual-currencies-china-turns-against-them[2020-08-22].

Engle R. 2002. Dynamic conditional correlation：a simple class of multivariate generalized autoregressive conditional heteroskedasticity models. Journal of Business & Economic Statistics，20（3）：339-350.

Europe Central Bank. 2012. Virtual Currency Schemes. https://www.ecb. europa.eu/pub/pdf/other/virtualcurrencyschemes201210en.pdf[2023-03-18].

Eyal I，Sirer E G. 2018. Majority is not enough：Bitcoin mining is vulnerable. Communications of the ACM，61（7）：95-102.

Fan J X，Xiao J J. 2006. Cross-cultural differences in risk tolerance：a comparison between Chinese and Americans. Journal of Personal Finance，5（3）：54-75.

Fanelli D. 2010. Do pressures to publish increase scientists' bias? An empirical support from US States Data. PLoS One，5（4）：e10271.

Farell R. 2015. An analysis of the cryptocurrency industry. Wharton Research Scholars Journal，130（5）：1-23.

FDIC. 2020. Household survey results. https://www.fdic.gov/analysis/household-survey/2019/2019 technotes.pdf [2021-01-25].

FINMA. 2018. Guidelines. https://www.finma.ch/en/~/media/finma/dokumente/dokumentencenter/myfinma/1bewilligung/fintech/wegleitung-ico.pdf[2023-07-03].

Fishman M A. 2008. Asymmetric evolutionary games with non-linear pure strategy payoffs. Games and Economic Behavior，63（1）：77-90.

Flavin T J，Morley C E，Panopoulou E. 2014. Identifying safe haven assets for equity investors through an analysis of the stability of shock transmission. Journal of International Financial Markets，Institutions and Money，33：137-154.

Foley S，Karlsen J R，Putninš T J. 2019. Sex，Drugs，and Bitcoin：how much illegal activity is financed through cryptocurrencies？. The Review of Financial Studies，32（5）：1798-1853.

Freeman L C. 1977. A set of measures of centrality based on betweenness. Sociometry，40（1）：35-41.

Freeman L C. 1979. Centrality in social networks conceptual clarification. Social Networks，1（3）：215-239.

Friedman D. 1991. Evolutionary games in economics. Econometrica，59（3）：637-666.

Fry J. 2018. Booms，busts and heavy-tails：the story of Bitcoin and cryptocurrency markets？Economics Letters，171：225-229.

Gai P，Kapadia S. 2010. Contagion in financial networks. Proceedings of the Royal Society A：Mathematical，Physical and Engineering Sciences，466：2401-2423.

Gandal N，Hamrick J T，Moore T，et al. 2018. Price manipulation in the Bitcoin ecosystem. Journal of Monetary Economics，95：86-96.

Georg C P. 2013. The effect of the interbank network structure on contagion and common shocks. Journal of Banking & Finance，37（7）：2216-2228.

Gerstenkorn T，Mańko J. 1991. Correlation of intuitionistic fuzzy sets. Fuzzy Sets and Systems，44（1）：39-43.

Gil-Alana L A，Abakah E J A，Rojo M F R. 2020. Cryptocurrencies and stock market indices. Are they related？. Research in International Business and Finance，51：101063.

Grinberg R. 2012. Bitcoin：an innovative alternative digital currency. Hastings Science and Technology Law Journal，4（1）：159-207.

Handika R，Soepriyanto G，Havidz S A H. 2019. Are cryptocurrencies contagious to Asian financial markets？. Research in International Business and Finance，50：416-429.

Hayes A S. 2017. Cryptocurrency value formation：an empirical study leading to a cost of production model for valuing Bitcoin. Telematics and Informatics，34（7）：1308-1321.

Haynes J. 1895. Risk as an economic factor. The Quarterly Journal of Economics，9（4）：409-449.

Hegadekatti K. 2016. Governance and geopolitics in the age of blockchains and cryptocurrencies. SSRN Electronic Journal.

Hileman D G，Rauchs M. 2017. Global cryptocurrency benchmarking study. Cambridge Centre for Alternative Finance.

Hodrick R J，Prescott E C. 1997. Postwar U.S. business cycles：an empirical investigation. Journal of Money，Credit and Banking，29（1）：1-16.

Hu Y T，Li X，Shen D H. 2020. Attention allocation and international stock return comovement：evidence from the Bitcoin market. Research in International Business and Finance，54：101286.

Igan D，Kirti D，Peria S M. 2020. The disconnect between financial markets and the real economy. IMF Special Notes Series on COVID-19.

Iwamura M，Kitamura Y，Matsumoto T. 2014. Is bitcoin the only cryptocurrency in the town？Economics of cryptocurrency and Friedrich A. Hayek. SSRN Electronic Journal.

Jayech S. 2016. The contagion channels of July-August-2011 stock market crash：a DAG-copula based approach. European Journal of Operational Research，249（2）：631-646.

Ji Q，Bouri E，Gupta R，et al. 2018. Network causality structures among Bitcoin and other financial assets：a directed acyclic graph approach. The Quarterly Review of Economics and Finance，70：203-213.

Jia K，Zhang F L. 2017. Between liberalization and prohibition：prudent enthusiasm and the governance of Bitcoin/blockchain technology//Campbell-Verduyn M. Bitcoin and Beyond. London: Routledge: 88-108.

Kahn C M, Roberds W. 2009. Why pay? An introduction to payments economics. Journal of Financial Intermediation, 18 (1): 1-23.

Karame G. 2016. On the security and scalability of Bitcoin's blockchain//ACM. Proceedings of the 2016 ACM SIGSAC Conference on Computer and Communications Security. Vienna: ACM: 1861-1862.

Karlstrøm H. 2014. Do libertarians dream of electric coins? The material embeddedness of Bitcoin. Distinktion: Journal of Social Theory, 15 (1): 23-36.

Katsiampa P. 2019. An empirical investigation of volatility dynamics in the cryptocurrency market. Research in International Business and Finance, 50: 322-335.

Kendall M G. 1948. Rank correlation methods. The Economic Journal, 59 (236): 575-577.

Khairuddin I E, Sas C, Clinch S, et al. 2016. Exploring motivations for Bitcoin technology usage. Proceedings of the 2016 CHI Conference Extended Abstractson Human Factorsin Computing Systems: 2872-2878.

Klein T, Pham Thu H, Walther T. 2018. Bitcoin is not the new gold - a comparison of volatility, correlation, and portfolio performance. International Review of Financial Analysis, 59: 105-116.

Kleinberg J. 2003. Bursty and hierarchical structure in streams. Data Mining and Knowledge Discovery, 7 (4): 373-397.

Kliber A, Marszałek P, Musiałkowska I, et al. 2019. Bitcoin: safe haven, hedge or diversifier? Perception of Bitcoin in the context of a country's economic situation—a stochastic volatility approach. Physica A: Statistical Mechanics and Its Applications, 524: 246-257.

Koning J P. 2016. Fedcoin: a central bank-issued cryptocurrency. https://docslib.org/doc/2159800/fedcoin-a-central-bank-issued-cryptocurrency-jp-koning[2024-05-16].

Koshy P, Koshy D, McDaniel P. 2014. An analysis of anonymity in Bitcoin using P2P network traffic//Christin N, Safavi-Naini R. Financial Cryptography and Data Security, FC 2014. Berlin: Springer-Verlag: 469-485.

Kristoufek L. 2013. BitCoin meets Google trends and Wikipedia: quantifying the relationship between phenomena of the Internet era. Scientific Reports, 3 (1): 3415.

Kristoufek L. 2015. What are the main drivers of the Bitcoin price? Evidence from wavelet coherence analysis. PLoS One, 10 (4): e0123923.

Kumhof M, Noone C. 2018. Central bank digital currencies-design principles and balance sheet implications. Bank of England Working Paper.

Kurka J. 2019. Do cryptocurrencies and traditional asset classes influence each other? . Finance Research Letters, 31: 38-46.

Kyriazis N, Papadamou S, Corbet S. 2020. A systematic review of the bubble dynamics of cryptocurrency prices. Research in International Business and Finance, 54: 101254.

Lahmiri S, Bekiros S. 2020. The impact of COVID-19 pandemic upon stability and sequential irregularity of equity and cryptocurrency markets. Chaos, Solitons & Fractals, 138: 109936.

Li X, Wang C A. 2017. The technology and economic determinants of cryptocurrency exchange rates: the case of Bitcoin. Decision Support Systems, 95: 49-60.

Linkov I, Trump B D, Poinsatte-Jones K, et al. 2018. Governance strategies for a sustainable digital world. Sustainability, 10 (2): 440.

Liu Y K, Tsyvinski A. 2021. Risks and returns of cryptocurrency. The Review of Financial Studies, 34 (6): 2689-2727.

Liu Y K, Tsyvinski A, Wu X. 2019. Common risk factors in cryptocurrency. NBER Working Paper Series.

Longstaff F A. 2010. The subprime credit crisis and contagion in financial markets. Journal of Financial Economics, 97 (3): 436-450.

Lyall C, Tait J. 2005. Shifting policy debates and the implications for governance//Lyall C, Tait J. New Modes of Governance, Developing an Integrated Approach to Science, Technology, Risk and the Environment. London: Routledge: 1-17.

Mancini-Griffoli T, Peria M S M, Agur I, et al. 2018. Casting Light on Central Bank Digital Currency. IMF Staff Discussion Note.

Mandel G N. 2009. Regulating emerging technologies. Law, Innovation and Technology, 1 (1): 75-92.

Margulis C, Rossi A. 2021. Legally speaking, is digital money really money? .https://www.imf.org/en/Blogs/Articles/2021/01/14/legally-speaking-is-digital-money-really-money[2021-01-25].

Marian O. 2013. Are cryptocurrencies super tax havens. Michigan Law Review First Impressions, 112: 38-48.

Marian O. 2015. A conceptual framework for the regulation of cryptocurrencies. University of Chicago Law Review, 82: 53.

Mariana C D, Ekaputra I A, Husodo Z A. 2021. Are Bitcoin and Ethereum safe-havens for stocks during the COVID-19 pandemic? . Finance Research Letters, 38: 101798.

Martínez-Jaramillo S, Pérez O P, Embriz F A, et al. 2010. Systemic risk, financial contagion and financial fragility. Journal of Economic Dynamics and Control, 34 (11): 2358-2374.

Meiklejohn S, Pomarole M, Jordan G, et al. 2013. A fistful of Bitcoins: characterizing payments among men with no names//ACM. Proceedings of the 2013 Conference on Internet Measurement Conference. Vienna: ACM: 127-140.

Momtaz P P. 2019. Token sales and initial coin offerings: introduction. The Journal of Alternative Investments, 21 (4): 7-12.

Moore W, Stephen J. 2016. Should cryptocurrencies be included in the portfolio of international reserves held by central banks? . Cogent Economics & Finance, 4 (1): 1147119.

Moore T, Christin N. 2013. Beware the middleman: empirical analysis of Bitcoin-exchange risk//Sadeghi A R. Financial Cryptography and Data Security. Okinawa: 17th International Conference.

Morris S A, Yen G, Wu Z, et al. 2003. Time line visualization of research fronts. Journal of the American Society for Information Science and Technology, 54 (5): 413-422.

Naeem M A, Mbarki I, Shahzad S J H. 2021. Predictive role of online investor sentiment for cryptocurrency market: evidence from happiness and fears. International Review of Economics &

Finance，73：496-514.

Nakamoto S. 2008. Bitcoin：a peer-to-peer electronic cash system. https://bitcoin.org/bitcoin.pdf [2023-01-25].

Narayanan A，Bonneau J，Felten E，et al. 2016. Bitcoin and Cryptocurrency Technologies：A Comprehensive Introduction. Princeton：Princeton University Press：296.

Ober M，Katzenbeisser S，Hamacher K. 2013. Structure and anonymity of the Bitcoin transaction graph. Future Internet，5（2）：237-250.

Østbye P. 2018. Model risk in cryptocurrency governance reliability assessments. SSRN Electronic Journal.

Panagiotidis T，Stengos T，Vravosinos O. 2018. On the determinants of Bitcoin returns：a LASSO approach. Finance Research Letters，27：235-240.

Phillips R C，Gorse D. 2017. Predicting cryptocurrency price bubbles using social media data and epidemic modelling. 2017 IEEE Symposium Series on Computational Intelligence.

Polasik M，Piotrowska A I，Wisniewski T P，et al. 2015. Price fluctuations and the use of Bitcoin：an empirical inquiry. International Journal of Electronic Commerce，20（1）：9-49.

Raskin M，Yermack D. 2018. Digital currencies，decentralized ledgers and the future of central banking//Conti-Brown P，Lastra R M . Research Handbook on Central Banking. Cheltenham：Edward Elgar Publishing：474-486.

Ravn M O，Uhlig H. 2002. On adjusting the Hodrick-Prescott filter for the frequency of observations. Review of Economics and Statistics，84（2）：371-376.

Reid F，Harrigan M. 2011. An analysis of anonymity in the Bitcoin system. 2011 IEEE Third International Conference on Privacy，Security，Risk and Trust and 2011 IEEE Third International Conference on Social Computing.

Renn O. 2008. Risk Governance：Coping with Uncertainty in a Complex World. London：Routledge.

Reyes C L. 2016. Moving beyond Bitcoin to an endogenous theory of decentralized ledger technology regulation：an initial proposal. Villanova Law Review，61（1）：191-234.

Ricks M，Crawford J，Menand L. 2020. FedAccounts：digital dollar. Nashville：Vanderbilt Law Research Paper：18-33.

Ron D，Shamir A. 2013. Quantitative analysis of the full Bitcoin transaction graph//Sadeghi A R. Financial Cryptography and Data Security. Okinawa：17th International Conference.

Rosa E A. 2003. The logical structure of the social amplification of risk framework（SARF）：metatheoretical foundations and policy implications//Pidgeon N，Kasperson R E，Slovic P. The Social Amplification of Risk. Cambridge：Cambridge University Press：47-79.

Sapuric S，Kokkinaki A. 2014. Bitcoin is volatile！Isn't that right？//Abramowicz W，Kokkinaki A. Business Information Systems Workshops. Larnaca：BIS 2014 International Workshops：255-265.

Scheines R，Spirtes P，Glymour C，et al. 1994. Tetrad II：User's Manual. https://www.semanticscholar. org/paper/Tetrad-II%3A-User%27s-Manual-Scheines-Spirtes/783b4268fe423a8111e7e2998d399 8887b05eefc[2024-05-16].

Schuknecht L，von Hagen J，Wolswijk G. 2009. Government risk premiums in the bond market：EMU and Canada. European Journal of Political Economy，25（3）：371-384.

Scott B. 2016. How can cryptocurrency and blockchain technology play a role in building social and solidarity finance？. UNRISD Working Paper.

Seebacher S，Schüritz R. 2017. Blockchain technology as an enabler of service systems：a structured literature review//Za S，Drăgoicea M，Cavallari M. Exploring Services Science. Rome：8th International Conference：12-23.

Selmi R，Mensi W，Hammoudeh S，et al. 2018. Is Bitcoin a hedge，a safe haven or a diversifier for oil price movements？A comparison with gold. Energy Economics，74：787-801.

Shahzad S J H，Bouri E，Roubaud D，et al. 2019. Is Bitcoin a better safe-haven investment than gold and commodities？. International Review of Financial Analysis，63：322-330.

Shahzad S J H，Bouri E，Roubaud D，et al. 2020. Safe haven，hedge and diversification for G7 stock markets：gold versus Bitcoin. Economic Modelling，87：212-224.

Shanaev S，Sharma S，Ghimire B，et al. 2020. Taming the blockchain beast？Regulatory implications for the cryptocurrency market. Research in International Business and Finance，51：101080.

Shannon C E. 1948. A mathematical theory of communication. Bell System Technical Journal，27（3）：379-423.

Smales L A. 2019. Bitcoin as a safe haven：is it even worth considering？. Finance Research Letters，30：385-393.

Snihovyi O，Ivanov O，Kobets V. 2018. Cryptocurrencies prices forecasting with anaconda tool using machine learning techniques. CEUR Workshop Proceedings：453-456.

Spirtes P，Glymour C，Scheines R，et al. 2000. Causation，Prediction，and Search. New York：Springer.

Spithoven A. 2019. Theory and reality of cryptocurrency governance. Journal of Economic Issues，53（2）：385-393.

Stosic D，Stosic D，Ludermir T B，et al. 2018. Collective behavior of cryptocurrency price changes. Physica A：Statistical Mechanics and Its Applications，507：499-509.

Tapscott D，Tapscott A. 2016. Blockchain Revolution：How the Technology Behind Bitcoin is Changing Money，Business，and the World. London：Portfolio.

Tibély G，Pollner P，Vicsek T，et al. 2013. Extracting tag hierarchies. PLoS One，8（12）：e84133.

Troster V，Tiwari A K，Shahbaz M，et al. 2019. Bitcoin returns and risk：a general GARCH and GAS analysis. Finance Research Letters，30：187-193.

Trump B D，Wells E，Trump J，et al. 2018. Cryptocurrency：governance for what was meant to be ungovernable. Environment Systems and Decisions，38（3）：426-430.

Urquhart A. 2018. What causes the attention of Bitcoin？. Economics Letters，166：40-44.

Urquhart A，Zhang H X. 2019. Is Bitcoin a hedge or safe haven for currencies？An intraday analysis. International Review of Financial Analysis，63：49-57.

van Alstyne M. 2014. Why Bitcoin has value. Communications of the ACM，57（5）：30-32.

Von Hayek F A. 1990. Denationalisation of Money：The Argument Refined：An Analysis of the Theory and Practice of Concurrent Currencies. 3nd ed. London：Coronet Books Inc：144.

Wallace B. 2011. The rise and fall of Bitcoin. https://www.wired.com/2011/11/mf-bitcoin/[2020-01-23].

Wang G J，Xie C，Wen D Y，et al. 2019. When Bitcoin meets economic policy uncertainty（EPU）：measuring risk spillover effect from EPU to Bitcoin. Finance Research Letters，31：489-497.

Wang P F，Li X，Shen D，et al. 2020. How does economic policy uncertainty affect the Bitcoin market? Research in International Business and Finance，53：101234.

Weber E U，Hsee C K. 1999. Models and mosaics：investigating cross-cultural differences in risk perception and risk preference. Psychonomic Bulletin & Review，6（4）：611-617.

Weron R，Zator M. 2015. A note on using the Hodrick-Prescott filter in electricity markets. Energy Economics，48：1-6.

West S M. 2019. Data capitalism：redefining the logics of surveillance and privacy. Business & Society，58（1）：20-41.

Whitford A B，Anderson D. 2021. Governance landscapes for emerging technologies：the case of cryptocurrencies. Regulation & Governance，15（4）：1053-1070.

Willis H H. 2007. Guiding resource allocations based on terrorism risk. Risk Analysis，27（3）：597-606.

Yao Q. 2017. Understanding central bank digital currency：a systemic framework. Scientia Sinica Informationis，47（11）：1592-1600.

Yao Q. 2018. A systematic framework to understand central bank digital currency. Science China Information Sciences，61（3）：033101.

Yelowitz A，Wilson M. 2015. Characteristics of Bitcoin users：an analysis of Google search data. Applied Economics Letters，22（13）：1030-1036.

Yen K C，Cheng H P. 2021. Economic policy uncertainty and cryptocurrency volatility. Finance Research Letters，38（1）：101428.

Yermack D. 2015. Is Bitcoin a real currency? An economic appraisal//Chuen D L K. Handbook of Digital Currency. New York：Academic Press：31-43.

Yi S Y，Xu Z S，Wang G J. 2018. Volatility connectedness in the cryptocurrency market：is Bitcoin a dominant cryptocurrency? . International Review of Financial Analysis，60：98-114.

Zuboff S. 2015. Big other：surveillance capitalism and the prospects of an information civilization. Journal of Information Technology，30（1）：75-89.